MIRKO KRÜGER

Wartburg für Klugscheißer

Populäre Irrtümer
und andere Wahrheiten

KLARTEXT

Impressum

1. Auflage Juni 2019

Layout, Satz:
Volker Pecher, Essen

Druck/Bindung:
Multiprint GmbH,
Kostinbrod 2230, Slavianska Straße 10 A,
Bulgarien

KLARTEXT

Klartext Verlag, Essen
Jakob Funke Medien
Beteiligungs GmbH & Co. KG
Jakob-Funke-Platz 1
45127 Essen
info@klartext-verlag.de
www.klartext-verlag.de

© Klartext Verlag, Essen 2019
ISBN 978-3-8375-2062-0

Foto-Nachweis:
Seiten 16, 17, 92, 94, 95 ©LiliGraphie – stock.adobe.com

Bibliografische Information der Deutschen Bibliothek
Die Deutsche Nationalbibliothek verzeichnet diese Publikation
in der Deutschen Nationalbibliografie; detaillierte
bibliografische Daten sind im Internet über http://dnb.dnb.de abrufbar.

Inhalt

- 05 Zum Geleit
- 06 Die Ersterwähnung
- 07 Deutschlands wahre Mitte
- 08 Wart' Berg, du sollst mir eine Burg werden
- 10 Wem gehört die Wartburg?
- 12 Legendäre Grafen und ein herausgerissenes Herz
- 13 Ein bunter Löwe
- 14 Die Schwestern der Wartburg
- 16 Eine Burg voller Rüstungen
- 18 Der Krieg der Sänger
- 20 In der Venusfalle
- 22 Ein rätselhafter Kampf
- 23 Thüringens ältester Comic
- 26 Eine Ehe aus Kalkül
- 28 Weiße Tauben als Mitgift
- 30 Elisabeth hatte vier Kinder
- 32 Das Rosenwunder
- 34 Einfach mal innehalten
- 36 Die berühmteste Entführung aller Zeiten
- 38 Luther warf ein Tintenfass
- 40 Luther als Junker Jörg
- 42 Unser aller Playboy
- 44 Luther übersetzte als erster die Bibel
- 46 Luthers ungeliebter Bruder
- 47 Frankenstein und Luther
- 48 Die vergewaltigte Prinzessin
- 50 Im Zeichen der Schlange
- 51 Die Liebe und andere Irrungen
- 54 Zahlensalat
- 56 Das Klugscheißer-Quiz
- 62 Goethe, Mönch und Nonne
- 66 Das Wartburgfest von 1817
- 68 Ein Attentäter auf der Wartburg
- 71 Heine und die Teutomanen
- 72 Das pure Mittelalter
- 74 Die Wiedergeburt der Wartburg
- 78 Die ältesten Fotos der Wartburg
- 82 Die Wartburg zum Begreifen
- 83 Was ist was?
- 86 Eine kleine Weltreise
- 87 Die Wartburg, die Wartburgs
- 90 Die Wartburg für 5000 Mark
- 92 Noch mehr Wartburgs
- 93 Als sich ein Zeppelin verneigte
- 94 Was bedeutet der Welterbe-Status?
- 95 Kommt die Bergbahn?
- 97 Von wegen Eselei
- 98 Was? Wann? Wo?
- 100 Eine Zeitreise
- 104 Was andere über die Wartburg sagen

Zum Geleit

Heute werden wir mal so richtig vom Leder ziehen. Wir machen aus unseren Herzen nicht länger eine Mördergrube. Wir meiden Fallstricke. Wir erwerben mit Feuereifer das nötige Rüstzeug. Wir tragen damit die Wartburg sozusagen auf Händen.

Um Gottes willen, was faselt dieser Krüger da!?

Sie haben Recht. Natürlich reden und schreiben wir heutzutage nicht mehr so. Dabei könnten zumindest Luther-Fans all diese geflügelten Worte durchaus als die des Reformators erkannt haben. Damals, als Luther auf der Wartburg das Neue Testament übersetzte, suchte er nach einer Sprache, die weithin verstanden wurde.

Luther war es, der letztlich auch mir als Journalisten ins Stammbuch geschrieben hat: Wer verstanden werden will, muss die Mutter im Hause, die Kinder auf der Gassen, den gemeinen Mann auf dem Markt fragen, wie man spricht. Wortgeklingel, so wusste er, verdrießt mehr als dass es erbaut!

Das einstige Versteck Luthers wurde seither zu einem Ort, der deutsche Identität zu stiften vermag wie wenige andere. Wenigstens drei Ereignisse prägen die kollektive Erinnerung. 1817 erscholl von der Wartburg aus erstmals öffentlich der Ruf, einen deutschen Nationalstaat zu gründen. 1522 vertrieb Luther von hier aus den Teufel mit Tinte. 1206 trugen Minnesänger wie Walther von der Vogelweide ihren legendären Sängerkrieg auf der Wartburg aus.

All dies stimmt – und es stimmt auch nicht. Romantische Sagen und nüchterne Fakten prägen die Erinnerung gleichermaßen. Was ist Legende, was ist wahr? Wie ging es wirklich zu auf der Wartburg, wie steht es heutzutage um sie? Dieses Buch erzählt von populären Irrtümern und anderen Wahrheiten.

Die Recherchen wurden durch die Wartburg-Stiftung unterstützt; besonderer Dank gilt Grit Jacobs, Petra Schall, Andreas Volkert und Günter Schuchardt.

Ich wünsche Ihnen viel Vergnügen mit diesem Büchlein und natürlich erst recht während Ihrer Besuche auf der Wartburg.

Mirko Krüger, im Mai 2019

Blick vom Südturm in den Innenhof der Burg.
Im Vordergrund ist die große Zisterne zu sehen.
Foto: Alexander Volkmann

Wartburg für Klugscheißer

Aha

Die Ersterwähnung

Durch seinen 1076/77 erfolgten Gang nach Canossa ging König Heinrich IV. in die Geschichte ein. Im Büßergewand unterwarf er sich dem Papst. Noch immer sprechen wir von einem Gang nach Canossa, wenn uns gegenüber einem Mächtigen keine andere Wahl bleibt, als voller Reue vor ihm zu erscheinen. Die Thüringer haben dem römisch-deutschen König noch etwas anderes zu verdanken – die Ersterwähnungen der Wartburg.

Sie findet sich wieder in dem auf das Jahr 1082 datierten „De bello Saxonico". In diesem Buch schildert der aus Merseburg stammende Geistliche Bruno den Verlauf des Sachsenkrieges und weiterer Machtkämpfe im Heiligen Römischen Reich deutscher Nation.

Am 27. Januar 1080, so berichtet Bruno, hatte König Heinrich IV. sein Heerlager an einem „Castellum, quod dicitur Wartberg" aufgeschlagen. An einer Burg namens Wartberg. An der Wartburg also. Die auf der Burg residierenden Ludowinger gehörten zu den Gegnern des aus dem Geschlecht der Salier stammenden Königs. Einige Jahre zuvor hatten sie ihn im Bündnis mit anderen Fürstenhäusern gezwungen, in den „Frieden von Gerstungen" einzuwilligen.

In Brunos auf Latein verfasstem Bericht heißt es wörtlich übersetzt: „Sein Heer dagegen, das nicht lange danach sein Heil in der Flucht suchen musste, lagerte sich erschöpft bei einer Burg namens Wartburg und machte dort Halt, bis sich ihre müden Glieder durch Speise und Ruhe erholten. Die Unsrigen aber, die die Burg in ihrer Hand hatten, warfen sich in plötzlichem Angriff auf sie, jagten sie in die Flucht und plünderten fast ihre gesamte Habe, Pferde, Waffen, goldenes und silbernes Geschirr, Pfeffer und andere Gewürze, Mäntel und kostbare Gewänder."

Im weiteren Verlauf des Jahres 1080 kam es im Herrschaftsgebiet der Thüringer, auf heutzutage sachsen-anhaltinischem Territorium, zu einer vorentscheidenden Schlacht. König Heinrich verlor zwar auf dem Felde. Doch sein mächtigster Feind, Gegenkönig Rudolf, wurde im Kampf tödlich verletzt.

Vier Jahre später marschierte der immer stärker gewordene Heinrich in Rom ein. Er ließ sogleich jenen Papst absetzen, der ihn zum Gang nach Canossa genötigt hatte – und er ließ sich zum Kaiser krönen.

Deutschlands wahre Mitte

Für Westdeutsche war die Perspektive über Jahrzehnte hinweg eindeutig. Für sie lag die Wartburg hinter dem eisernen Vorhang. Sie gehörte damit unzweifelhaft zu Ostdeutschland. Aus dem Blickwinkel der meisten Ostdeutschen stellte sich die geografische Lage jedoch völlig anders dar. Schließlich stand für sie die Wartburg ziemlich weit im Westen der DDR.

Tatsächlich lässt sich die Burg so oder so einvernehmen. Trotzdem: Gerecht wird ihr weder die eine noch die andere Verortung. Schließlich markiert die Wartburg nahezu exakt die Mitte Deutschlands.
Nur vier Kilometer entfernt, auf einem Acker des Eisenacher Ortsteils Hötzelsroda, befindet sich der geografische Mittelpunkt der Bundesrepublik. Er hat die Koordinaten 51° 0′ 0″ nördlicher Breite und 10° 20′ 0″ östlicher Länge. Weil sich ein Feld allerdings schwerer einprägt als ein weltberühmtes Bauwerk, wurde die Wartburg stellvertretend zum Mittelpunkt erklärt. Die „Burg der deutschen Einheit" verkörpert also nicht nur ideell das wahre Zentrum Deutschlands.
Fairerweise muss man einräumen: Es gibt verschiedene Messmethoden, um geografische Mittelpunkte zu ermitteln. Im Falle der Wartburg wurde allein das Staatsgebiet zu Land berücksichtigt.

Wartburg für Klugscheißer

Wart' Berg,
du sollst mir eine Burg werden

Die Gründungslegende der Wartburg klingt nicht nur romantisch. Sie liest sich zugleich wie eine pfiffige Handlungsanleitung, dass man lügen und gleichzeitig die Wahrheit sagen kann.

Es begab sich im Jahre 1067, da frönte ein Graf namens Ludwig wieder einmal der Jagd. Am Fuße des Inselsberges, so überliefert es der Sagendichter Ludwig Bechstein, „traf er ein Stück Wildes, das er eifrig verfolgte, und ihm nachritt bis an das Flüsschen Hörsel, und bis gen Nieder-Eisenach, und von dannen wieder bis an den Berg, darauf jetzt die Wartburg steht".
Wer heutzutage die gleiche Strecke mit dem Auto absolviert, muss 32 Kilometer fahren, wohlgemerkt auf modernen Straßen. Wie lange war Ludwig zu Pferde unterwegs, über Stock und Stein? Wir wissen es nicht. Gelohnt hatten sich die Strapazen aber allemal, wie uns die Sage verrät. Völlig unverhofft bemerkte der Graf „die schöne Gegend und vornehmlich den steilen Felsenberg, und dachte bei sich selbst: Wart' Berg, du sollst mir eine Burg werden!"
Unglücklicherweise gehörte der Berg den Herren von Frankenstein. So ließ Ludwig in tiefer Nacht von seinem eigenen Grundbesitz etliche Körbe voll Erde holen und auf dem Berg ausstreuen. Darauf erbaute er die Wartburg.
Natürlich wollten sich die Frankensteiner damit nicht abfinden. Sie brachten die Sache bis vor den Reichstag. Es scheint, als habe der schlitzohrige Ludwig auf genau diese Gelegenheit gewartet. Er ließ 12 seiner Ritter ihre Schwerter ins neu aufgetragene Erdreich rammen. Prompt konnten sie vor dem Kaiser schwören, dass das Land, in dem die Waffen steckten, schon immer der Grund und Boden des Grafen Ludwig war …
Kann eine solche Mär wirklich stimmen? Jahrhunderte später schien es, als läge ein ultimativer Beweis vor. 1845 hatten Arbeiter in einer Felsspalte an der

Graf Ludwig, genannt der Springer, auf seinem Grabstein. Das Original befindet sich in der Georgenkirche von Eisenach. Auf der Wartburg ist eine Kopie ausgestellt.
Foto: Mirko Krüger

Wartburg elf eiserne Schwerter entdeckt. Der damalige Herr der Burg, Erbgroßherzog Carl Alexander von Sachsen-Weimar und Eisenach, soll hellauf begeistert gewesen sein.
Wer mag, kann diese Schwurschwerter noch immer bestaunen. Sie werden im Weimarer Museum für Ur- und Frühgeschichte ausgestellt. Allerdings haben ihnen die Archäologen längst den Nimbus genommen. Tatsächlich handelt es sich um stabförmige Barren, die etwa 2200 Jahre alt sind. Die vermeintliche Schwertform war eine gängige Handelsgröße für jenes Metall, das der damaligen Epoche – der Eisenzeit – den Namen gab. Erst mehr als 1200 Jahre später begab sich Graf Ludwig auf die Jagd …

Wartburg für Klugscheißer

Wem gehört die Wartburg?

Es gibt Fragen, die stellt man normalerweise nicht. Zu banal klingen sie. Doch dann, eines Tages, fragt man sich eben doch. Und man ist mitunter verblüfft ob all der möglichen Antworten. Eine dieser Fragen lautet: Wem gehört die Wartburg?

Gewiss, die Wartburg gehört zum Welterbe der Menschheit. Das aber ist ideell zu verstehen. Doch wem gehört sie besitzrechtlich? Ist sie unser, weil sie unser Nationalheiligtum ist? Darf sich Eisenach des Besitzes rühmen? Oder das Land? Ist es der Bund? Sollten gar die Nachfahren des letzten Großherzogs von Sachsen-Weimar und Eisenach die wahren Besitzer sein?
Tatsächlich sorgte ebendiese Familie in den 1990er Jahren für große Aufregung, als sie die Herausgabe des Inventars der Wartburg verlangte. Den rechtlichen Hintergrund hatte das 1994 von der Bundesregierung verabschiedete Ausgleichsleistungsgesetz geschaffen. Es regelte die Entschädigung von Enteignungen in der sowjetischen Besatzungszone neu. Damit stand den Blaublütigen praktisch ihre gesamte Habe von einst wieder zu – sofern es sich dabei nachweislich um ihre persönlichen Besitztümer gehandelt hatte.
Erst im Jahre 2003 beschert eine gütliche Einigung zwischen dem Freistaat Thüringen und dem ehemals regierenden Großherzoglichen Haus die erforderliche Rechtssicherheit. Wesentliche Teile des Kunst- und Kulturbesitzes gingen daraufhin dauerhaft ins Vermögen der Wartburg-Stiftung über. Der Freistaat Thüringen entschädigte die Familie mit 15,5 Millionen Euro; damit wurden auch Ansprüche gegenüber der Klassik-Stiftung Weimar abgegolten.
Bleibt die Frage: Wem gehört denn nun die Burg? Die Antwort ist in der Tat banal. Die Wartburg gehört sich selbst – dank ebenjener, bereits 1922 gegründeten Wartburg-Stiftung.

Foto: Marco Kneise

Wartburg für Klugscheißer

Aha

Legendäre Grafen und ein herausgerissenes Herz

Sie erbauten die Wartburg und begründeten das Kloster Reinhardsbrunn. Sie ließen Minnesänger zum Sängerkrieg antreten und begaben sich selbst auf Kreuzzüge. Einer der Ihren war mit der heiligen Elisabeth vermählt, ein anderer ging als der Eiserne in die Geschichte ein.

Rund 200 Jahre bestimmte das Geschlecht der Ludowinger die Geschicke Thüringens und weiter Teile Hessens maßgeblich. Sie waren eines der mächtigsten Fürstengeschlechter im damaligen Reich.
Ludwig der Bärtige hatte die Regentschaft der nach ihm benannten Ludowinger begründet. Ihm folgten acht weitere regierende Grafen beziehungsweise ab dem Jahr 1131 dann Landgrafen. Ihr ursprüngliches Herrschaftsgebiet lag bei Friedrichroda. Doch schon bald expandierten die Ludowinger bis über die Grenzen des heutigen Thüringens hinaus nach Hessen, teils auch ins heutige Sachsen-Anhalt hinein.
So rasant die Ludowinger aufgestiegen waren, so steil stürzten sie auch wieder ab – und dies ausgerechnet zu jenem Zeitpunkt, da sie den vermeintlichen Gipfel der Macht erklommen hatten. Im Mai 1246 ließ sich Landgraf Heinrich Raspe zum deutschen Gegenkönig wählen. Da er dabei die Unterstützung der römischen Kurie genoss, wird er auch Pfaffenkönig genannt. Alsbald folgten Machtkämpfe und Schlachten mit dem eigentlichen König Konrad IV. Das Kriegsglück schien dem Thüringer hold zu sein. Dann aber erlitt der Landgraf eine Verletzung. Er kehrte heim auf die Wartburg, wo er alsbald starb. Nur knappe neun Monate waren ihm als König vergönnt.
Heinrich Raspes Herz wurde in der Eisenacher Predigerkirche bestattet, welche er wenige Jahre zuvor zu Ehren der heiligen Elisabeth hatte bauen lassen. Heute beherbergt die Kirche ein Museum für mittelalterliche Schnitzkunst.
Mit Heinrich Raspe starben die Ludowinger in männlicher Linie aus. Ihr Herrschaftsgebiet zerfiel nach einem Erbfolgekrieg in einen hessischen und einen thüringischen Teil. In Thüringen übernahmen die Wettiner die Landgrafschaft und damit auch die Wartburg.

Der Löwe der Ludowinger trägt eine goldene Krone.
Foto: Alexander Volkmann

Ein bunter Löwe

Kinder können Eltern mitunter zum Verzweifeln bringen, und das einfach nur, indem sie etwas fragen. Zum Beispiel: Warum streckt uns der Thüringer Löwe die Zunge heraus? Wir könnten es mit einem Vergleich versuchen und antworten: Weil es der Löwe im hessischen Wappen ebenso tut. Doch dann würde uns vermutlich prompt die Frage ereilen, was es mit dessen Zunge auf sich hat …

Dabei ist die Antwort durchaus naheliegend. Wenn der König der Tiere seine Zunge derart demonstrativ zeigt, dann gilt dies stets als Symbol seiner Stärke. Heraldiker, also die Experten für Wappen, drücken diese Tatsache natürlich ganz anders aus. Sie sprechen nicht von einer herausgestreckten Zunge, sondern von einer ausgeschlagenen Zunge.

Doch woher stammt der Thüringer Löwe überhaupt? Die Spurensuche führt zurück ins Hochmittelalter, hinein in den Palas der Wartburg. Hier können wir die originalgetreue Nachbildung eines Wappenschildes der Ludowinger bestaunen. Das Adelsgeschlecht führte einen bunten Löwen als Zeichen. Bunt wird er allein deshalb genannt, weil er silbern und rot gestreift ist.

Als Landgrafen herrschten die Ludowinger über weite Teile des heutigen Thüringens und über Teile von Hessen. In beiden Bundesländern lag es nahe, das landgräfliche Wappen als Vorbild für eigene, moderne Landeswappen zu wählen.

Wartburg für Klugscheißer

Marburger Schloss
(in Marburg)

HESSEN

GRAFIK: ANDREAS WETZEL

Die Schwestern der Wartburg

Mehrere Burgen in Thüringen, Hessen und Sachsen-Anhalt werden als Schwestern der Wartburg bezeichnet. Sie verbindet, dass sie zu den Herrschaftssitzen der Thüringer Landgrafen zählten. Darüber hinaus besaßen sie weitere Burgen.

Das Marburger Schloss
war als mittelalterliche Burganlage im 11. Jahrhundert entstanden. Zwischen 1122 und 1137 fielen Marburg und weitere Teile Hessens als Mitgift an die Ludowinger. Sie bauten die Burg aus. Die heilige Elisabeth verbrachte ihre letzten Jahre in Marburg. Mit dem Aussterben der Ludowinger im Mannesstamm entstand nach einem Erbfolgekrieg die Landgrafschaft Hessen. Marburg blieb nur bis 1277 die Residenz des neuen Fürstenhauses.

Die Creuzburg
liegt unweit der Wartburg oberhalb des Städtchens Creuzburg. Die Burg entstand ausgangs des 12. Jahrhunderts. Hier wuchs die junge Elisabeth auf, hier brachte sie 1222 auch ihren Sohn zur Welt. Unterhalb der Burg, direkt an der Werra, befindet sich die spätgotische Liboriuskapelle. Sie wurde mit Fresken ausgemalt, die das Leben der heiligen Elisabeth erzählen.

Map labels:
- SACHSEN-ANHALT
- Runneburg (in Weißensee)
- Schloss Neuenburg (in Freyburg)
- Creuzburg (in Creuzburg)
- **Wartburg** (bei Eisenach)
- THÜRINGEN
- Schauenburg (bei Friedrichroda)
- BAYERN
- SACHSEN

Die Schauenburg

existiert nahe Friedrichroda (Landkreis Gotha) nur noch als äußerst spärliche Ruine. Die Burg war im 11. Jahrhundert der Stammsitz der Ludowinger. In unmittelbarer Nähe befanden sich in Reinhardsbrunn das Hauskloster und die Grablege des Grafengeschlechts. Die Grabsteine stehen mittlerweile in der Georgenkirche von Eisenach.

Die Runneburg

liegt in Weißensee (Landkreis Sömmerda). In den vergangenen Jahren wurden mehr als 6 Millionen Euro in die Restaurierung der romanischen Anlage investiert. Der Bau soll 1168 durch Landgräfin Jutta Claricia initiiert worden sein. Sie war

Schloss Neuenburg

thront oberhalb von Freyburg (Sachsen-Anhalt) auf einem Bergsporn. Ludwig der Springer nahm die Region durch Heirat mit der Witwe eines ermordeten Pfalzgrafen in Besitz. Die Burg entstand ausgangs des 11. Jahrhunderts; an ihr wurde bis etwa 1225 immer wieder gebaut. Markantes Wahrzeichen ist der Dicke Wilhelm. Der Turm hat einen Durchmesser von 14 Metern.

Halbschwester des Staufer-Kaisers Friedrich Barbarossa. Vor der Burg verloren die Thüringer 1180 eine Schlacht gegen die Welfen. Später wurde die Burg mehrfach erfolglos belagert.

Wartburg für Klugscheißer

Populärer Irrtum

Eine Burg voller Rüstungen

Ritter sind in der landläufigen Vorstellung kräftige Mannsbilder, die in noch mächtigeren Rüstungen durch die Lande reiten. Wer mit genau dieser Vorstellung die Wartburg besucht, wird alsbald irritiert sein. Hier steht zwar eine prächtige Rüstung, doch sie passt allenfalls einem Knaben.

Gut möglich, dass gerade dieses bescheidene Maß dazu beigetragen hat, dass diese Rüstung noch immer hier, an ihrem angestammten Ort, bewundert werden kann. Sie ließ sich auf jeden Fall leichter stehlen als das weitaus größere Blechgewand eines wackeren Ritters. Tatsächlich verdankt der sogenannte Prinzen-Harnisch seinen Verbleib in Eisenach einer Geschichte, wie sie wohl nur die wirre Nachkriegszeit schreiben konnte. Irgendwann 1946/47 hatte sich ein in Eisenach stationierter Offizier der Roten Armee diese Rüstung angeeignet. Als er in die Heimat versetzt werden sollte, verscherbelte der Offizier den Harnisch noch schnell an seine Eisenacher Wirtin; er erhielt dafür einige Möbelstücke. Offenbar stand ihm der Sinn nach praktischen Mitbringseln. So blieb der Harnisch in Thüringen. Die Zimmerwirtin gab das Stück an die Wartburg zurück.
Ganz anders erging es rund 100 weiteren Harnischen aus der Rüstkammer der Wartburg. Sie verschwanden ebenso wie 800 mittelalterliche Waffen, Fahnen und Schilde auf Nimmerwiedersehen gen Osten. Am 24. Februar 1947 hatte ein sowjetischer General diese Sammlung in Waggons der Reichsbahn verladen lassen.
Bereits 1943 hatte die Sowjetunion beschlossen, spezielle Trophäenbrigaden zu bilden. Sie sollten nach einem Sieg über Deutschland systematisch Kulturschätze beschlagnahmen. Diese Werke, so hieß es, kompensieren jene Verluste, die das eigene Land durch Deutschland erlitten hatte.
Erst fünf Jahrzehnte später tauchten Einzelstücke der Rüstkammer wieder auf. Das Artilleriemuseum von St. Petersburg stellte sie aus. Darüber hinaus ist der Verbleib der Eisenacher Rüstkammer weitgehend ungeklärt. Erste, vage Kontakte der Wartburg-Stiftung zu russischen Museen sind von diesen abgebrochen worden. Nachforschungen gestalten sich äußerst schwierig und sie sind

Der Prinzenharnisch war um das Jahr 1600 in Augsburg hergestellt worden. Er steht in einer Vitrine.
Foto: Mirko Krüger

nicht unbedingt erwünscht. Eigentlich darf die Stiftung nicht selbst verhandeln. Das ist Sache der Politik.

Das Problem dabei: Das politische Tauziehen um die Rückgabe von Kunstschätzen tritt seit Jahren auf der Stelle. Das deutsche Kulturgut sei zu russischem Eigentum geworden, schrieb die Duma 1998 gesetzlich fest. Eine Million Kunstwerke aus Deutschland lagern in den Nachfolgestaaten der Sowjetunion. Die Bundesrepublik hält das für völkerrechtswidrig.

Anno 2013 wäre ein gemeinsamer Besuch von Präsident Wladimir Putin und Bundeskanzlerin Angela Merkel in der Petersburger Eremitage wegen der dort gezeigten Beutekunst beinahe geplatzt. „Wenn wir irgendeine Bewegung nach vorne wollen, dann dürfen wir dieses Problem nicht aufblasen", warnte Putin damals.

Wartburg für Klugscheißer

Der Krieg der Sänger

Zu Beginn des 13. Jahrhunderts war Thüringen der Musenhof der Deutschen. Noch war an Goethe und Schiller nicht zu denken. Die Dichter des hohen Mittelalters hießen Walther von der Vogelweide und Wolfram von Eschenbach. Um das Jahr 1206 trugen sie und vier weitere Ritter auf der Wartburg einen berühmten Wettstreit aus, den Sängerkrieg.

In der Überlieferung vermischen sich tatsächliche Dichtkunst und sagenhafte Verklärung. Angeblich stritten die Sänger darum, wer das bessere Hohelied auf einen Fürsten zu singen weiß. Fünf der Ritter stimmten Hymnen auf ihren thüringischen Gastgeber an, auf Landgraf Hermann I. Dagegen pries Heinrich von Ofterdingen den Herzog von Österreich. Prompt verlor er den Wettbewerb, worauf die Todesstrafe gestanden haben soll.
Doch Heinrich von Ofterdingen hatte Glück. Dank der Fürsprache von Klingsor, einem Zauberer aus Ungarn, wurde er nicht dem Henker übergeben.
Die Gedichte des Sängerkriegs haben in sogenannten Liederhandschriften die Zeitläufe überdauert. Das berühmteste dieser Werke ist der um das Jahr 1300 entstandene Codex Manesse. Er befindet sich im Besitz der Heidelberger Universität.

Der Landgraf und seine Frau (oberes Bild) lauschen dem Wettstreit der 6 Sänger, zu denen sich der Magier Klingsor gesellt hat. Abbildung: Universitätsbibliothek Heidelberg, Codex Manesse, Seite 219v, CC-BY-SA 4.0

Wartburg für Klugscheißer

In der Venusfalle

Vom Großen Hörselberg aus eröffnet sich ein atemberaubender Blick über Eisenach hinweg auf die Wartburg. Das beliebte Wanderziel ist mit der Burg indes nicht nur optisch verbunden, sondern auch durch eine, nun ja, göttliche Fügung.

Die Hörselberge haben bereits die römische Göttin der Liebe fasziniert. Hier, so geht die Sage, lebte Venus mit wunderschönen Nixen und anderen Jungfrauen in einer Grotte. Eines Tages soll es mit Tannhäuser einen Sterblichen in die Höhle verschlagen haben. Doch schon bald war der Ritter all der Sinnlichkeiten überdrüssig …
Richard Wagner griff diese Geschichte in der Oper „Tannhäuser und der Sängerkrieg auf Wartburg" auf. Der Komponist verschmolz zwei unabhängig voneinander existierende Sagen, die von Tannhäuser und Venus mit der vom Sängerkrieg. Wagner lässt Tannhäuser beim Sängerkrieg antreten. Hier möchte der Ritter das Herz der Nichte des Landgrafen gewinnen. Doch im Eifer des Wettstreits offenbart er, im heidnischen Venusberg verweilt zu haben. Tannhäuser wird daraufhin vom Thüringer Landgrafen verdammt. Er pilgert zum Papst, um Vergebung zu erlangen …
Wagners Oper wurde 1845 in Dresden erstmals aufgeführt. Im Februar 1849 brachte Franz Liszt eine Neufassung in Weimar auf die Bühne – anlässlich des Geburtstages von Maria Pawlowna, Großherzogin von Sachsen-Weimar und Eisenach. Drei Monate später traf sich die Fürstin mit dem von ihr verehrten Wagner in Eisenach. Das Treffen war ein Politikum ohnegleichen: Der

Unterwegs zur Venushöhle: Der Große Hörselberg ist als Wandergebiet gut erschlossen. Die Höhle ist im Sommerhalbjahr frei zugänglich. Wer in die etwa 15 Meter lange Grotte laufen möchte, sollte eine Taschenlampe mitbringen. Foto: Mirko Krüger

So soll Tannhäuser laut einer um das Jahr 1300
entstandenen Zeichnung ausgesehen haben.
Abbildung: Universitätsbibliothek Heidelberg,
Codex Manesse, Seite 264r, CC-BY-SA 4.0

Komponist befand sich auf der Flucht. Wegen seiner Beteiligung am Dresdner Aufstand wurde Wagner von der sächsischen Polizei per Steckbrief gesucht. Wenige Tage darauf floh er in die Schweiz.
Wagners „Tannhäuser" wird immer wieder auch auf der Wartburg aufgeführt – am Originalschauplatz. Wem das an Authentizität nicht reicht, kann von der Wartburg aus einfach mal hinüberblicken zum Großen Hörselberg …

Wartburg für Klugscheißer

Aha

Ein rätselhafter Kampf

Wer durch den Palas der Wartburg wandelt, steht alsbald vor einem furchteinflößenden Relief. Es zeigt einen Drachen, der einen armen Ritter verschlingt. Oder ist alles doch ganz anders? Sehen wir einen wagemutigen Recken, der im Kampf mit dem Lindwurm schon bald obsiegen wird? In Eisenach liegt dieser Gedanke nahe.

Schließlich ist mit dem heiligen Georg ein Drachentöter der Schutzpatron der Stadt. Die Legende von seinen besonderen Talenten kam zur Zeit der Kreuzzüge auf. Dazu passt perfekt, dass das Relief auf der Wartburg etwa 800 Jahre alt sein dürfte. Gut möglich, dass die Darstellung aber auch gänzlich anders zu verstehen ist. Der Ritter trägt einen Schild mit der Darstellung eines Adlers. Er gehört also unzweifelhaft zum Gefolge eines Kaisers. So könnte man das Relief auch als Anspielung auf die ständigen Machtkämpfe und Intrigen innerhalb des deutschen Hochadels deuten. Hier, auf der Burg der Thüringer Landgrafen, vermögen die Kaiserlichen nichts auszurichten … Tatsächlich hatte der deutsch-römische Kaiser Otto IV. anno 1212 einen Feldzug gegen die Thüringer Landgrafen unternommen.
Was wollte der Steinmetz wirklich ausdrücken? Wir werden es vermutlich nie erfahren.

Das Drachen-Relief
entstand um das Jahr 1200.
Foto: Mirko Krüger

Thüringens ältester Comic

Bilderbücher über die Wartburg gibt es einige. Sie erzählen Geschichte und Geschichten meist im Stile eines Comics. Freilich kennt das ach so neuzeitlich anmutende Genre gerade auf der Wartburg seine mittelalterliche Entsprechung.

Einige Jahre nach dem Sängerkrieg besann sich der Thüringer Landgraf Hermann I. erneut der besonderen Talente des Wolfram von Eschenbach. „lantgrave von Duringen Herman tet mir diz maere von im bekannt", hielt der Dichter schriftlich fest. Landgraf Hermann von Thüringen machte mich mit einer Geschichte bekannt. Gemeint war die Sage von Willehalm.
Der auf der Wartburg lebende Landgraf beauftragte den Dichter, die Abenteuer des Ritters Willehalm in Verse zu gießen. Ein enormes Werk entstand. Exakt 13.988 Verse sind überliefert. Dann bricht die Erzählung ab; sie blieb unvollendet.
Willehalm soll ein französischer Graf gewesen sein. Eines Tages zog er in den Krieg gegen einen muslimischen König. Er wollte sein Seelenheil suchen und wohl auch reiche Beute. Doch schon bald wurde Willehalm gefangen und nach Arabien verschleppt. Doch er hatte Glück im Unglück. Er lernte die Frau seines Feindes kennen und lieben. Beide flohen. Sie wurde Christin – und seine Frau.
Die Geschichte vermag im heutigen Thüringen allerlei Verwirrung zu stiften. Hier erzählt man sich dieses sagenhafte Schicksal schon lange. Nur dass es bei uns normalerweise ein heimischer Ritter ist, dem dieses Los widerfahren sein soll. Es ist der Graf von Gleichen. Er hat, so behauptet die Sage, auf seiner Burg sogar in einer Doppelehe gelebt.
Eschenbachs „Willehalm" war schon bald als Prachtausgabe gestaltet worden. Mehr als 200 Blätter hat diese großformatige Ausgabe vermutlich umfasst. Erhalten geblieben sind lediglich 11 Pergamentblätter. Teils handelt es sich um ganze Seiten, teils nur um Bruchstücke. Sie gehören dem Germanischen Nationalmuseum (Nürnberg) sowie der Bayerischen Staatsbibliothek (München). →

Wartburg für Klugscheißer

Auf jeder dieser Seiten überwiegen die Bilder den Text. Rechnet man die vorhandenen Blätter hoch, dann müssen zum Original rund 1300 Zeichnungen gehört haben. Keine andere erhalten gebliebene Handschrift des Mittelalters ist ähnlich üppig illustriert. Wir kennen diese Erzählweise eigentlich als ein recht modernes Prinzip. Ist der „Willehalm" sozusagen Thüringens ältester Comic? Literaturwissenschaftler halten sich mit solchen Kategorisierungen vornehm zurück. Sie sprechen lieber von einer Bilderhandschrift.

Der Auftraggeber der Dichtung, Hermann I., starb 1217. Wolfram von Eschenbach soll bis 1220 gelebt haben. Sieben Jahre später brach Hermanns Sohn, Landgraf Ludwig IV., zu einem Kreuzzug nach Jerusalem auf. In seinem Gefolge, so die Sage, sei der Graf von Gleichen gewesen.

Der Landgraf kam um. Der Graf von Gleichen konnte sich retten – dank einer Orientalin. So wie der auf der Wartburg besungene Willehalm.

Diese Seite aus „Willehalm" zeigt die Belagerung einer Burg. Auch eine Steinschleuder ist zu sehen. Der erste nachweisliche Einsatz einer solchen Waffe fand 1212 statt. Damals belagerte Kaiser Otto IV. die Runneburg in Weißensee, welche eine Schwester der Wartburg war.
Foto: Mirko Krüger

Wartburg für Klugscheißer

Aha

Eine Ehe aus Kalkül

Die ungarische Prinzessin Elisabeth war gerade mal vier Jahre alt, da musste sie bereits ihr Elternhaus verlassen. Im Jahre 1211 kam sie an den Thüringer Hof. Hier sollte sie, so besagt es die Legende, auf die Ehe mit dem Sohn des Landgrafen vorbereitet werden. Man kann dies auch anders ausdrücken: Das Mädchen kam als Faustpfand nach Thüringen. Liebe war ganz gewiss nicht im Spiel, zumindest anfangs nicht.

Elisabeths Geburt fiel in eine Zeit blutiger Machtkämpfe. Europa wurde jahrzehntelang von Fehden und Kriegen zwischen den Adelshäusern erschüttert. Vor allem im Heiligen Römischen Reich schien das Hauen und Stechen kein Ende nehmen zu wollen. Sowohl die Welfen als auch die Staufer beanspruchten die Königs- und die Kaiserwürde. Beständig wurden neue Bündnisse geschmiedet, immer mal wieder wechselten Vasallen die Seiten, mittendrin zogen kirchliche Würdenträger die Strippen …
In diesen Zeiten waren Ehen ein bewährtes Mittel, um Bündnisse einzugehen oder auch zu festigen. So auch bei Elisabeth. Ihr Vater war der ungarische König Andreas II., ihre Mutter Gertrud von Andechs stammte aus Deutschland, deren Bruder war Erzbischof von Bamberg. Sie alle waren mit den Staufern verbündet. Nun, mit einer zeitig angebahnten Ehe, sollten auch die bisher politisch labilen Thüringer Landgrafen möglichst dauerhaft an die Staufer gebunden werden.
Bei Hofe lernt Elisabeth ihren späteren Mann Ludwig kennen. Er ist der Zweitgeborene des Landgrafen. Beide sprechen sich als Bruder und Schwester an. Historiker vermuten, dass eigentlich Ludwigs älterer Bruder als Bräutigam vorgesehen war. Hermann starb jedoch bereits 1216, als Elisabeth noch nicht heiratsfähig war. Fünf Jahre später feierten sie und Ludwig ihre Hochzeit. Tatsächlich entstand zwischen beiden innigliche Liebe.

Verlobung im Kindbett: Darstellung aus der Elisabeth-Kemenate der Wartburg. Das Mosaik entstand zu Beginn des 20. Jahrhunderts.
Foto: Mirko Krüger

Wartburg für Klugscheißer

Populärer Irrtum

Weiße Tauben als Mitgift

Spätestens dann, wenn Besucher den ersten Burghof betreten, werden sie von Pfautauben mit einem sanften Gurren empfangen. Die ersten dieser weißen Vögel sollen mit Elisabeth aus Ungarn nach Thüringen gekommen sein. Kann das stimmen?

Als die vierjährige Elisabeth im Jahre 1211 nach Thüringen reiste, führte sie eine äußerst reiche Mitgift mit sich. Von güldenen Bechern und Pokalen ist die Rede, von Samt und von Seide. Sogar eine silberne Badewanne hat der Sage nach zum Brautschatz gehört.

Der Sinn der mildtätigen Elisabeth stand freilich nicht nach Pretiosen, wie wir wissen. Da passt es natürlich recht gut zu unserem Elisabeth-Verständnis, dass der Überlieferung nach auch weiße Tauben zur Mitgift gehört haben. Moritz von Schwind griff diese Erzählung in einem seiner Fresken auf. Er malte die Ankunft der Königstochter auf der Wartburg; über ihr flattern vier weiße Tauben. Gut möglich, dass all dies stimmt. Doch dann muss es sich um eine andere Rasse gehandelt haben als die jetzigen Pfautauben. Die heutigen Vögel stammen ursprünglich aus Indien. Ihre ersten Vertreter gelangten im 16. Jahrhundert nach Europa. Damals war Elisabeth bereits mehr als 300 Jahre tot. Der erste gesicherte Nachweis dieser Tauben auf der Wartburg datiert auf das Jahr 1823.

Die Pfautauben halten sich meist im ersten der beiden Burghöfe auf. Hier befindet sich auch ihr Schlag.
Foto: Sascha Fromm

Wartburg für Klugscheißer

Elisabeth hatte vier Kinder

Wer durch die Elisabeth-Galerie läuft, sieht das Leben der Heiligen an sich vorüberziehen. Der Maler Moritz von Schwind zeigt sie uns von Kindesbeinen an bis zu ihrem frühen Tod. Auf einem der Fresken sehen wir Elisabeth als Mutter – mit vier Kindern. Und schon besteht die große Gefahr, dass wir einem weitverbreiteten Irrtum aufsitzen.

Bildern vertrauen wir in einem hohen Maße. Bilder sind authentisch, sie führen uns etwas vor Augen. Das, was wir sehen, muss einfach stimmen. Doch manchmal, da gaukeln uns Bilder auch etwas vor. So wie in diesem Fall.

Was also sehen wir wirklich? Tatsächlich hat der Maler auf diesem Fresko die Vertreibung der Witwe Elisabeth von der Wartburg thematisiert. Er zeigt uns die Landgräfin, wie sie sich mit ihren Kindern den felsigen Berg heruntertastet. Elisabeth hält Getrud schützend im Arm; sie kam erst nach dem Tod ihres Vaters auf die Welt. Hermann und Sophie sind schon älter; sie benötigen diese Hilfe nicht. Wer aber ist das vierte Kind?

Es handelt sich einzig und allein um ein himmlisches Kind, um einen Engel. Er begleitet die Vertriebenen, er beschützt sie.

Moritz von Schwind hat die Wartburg in der Mitte des 19. Jahrhunderts mit vielen Fresken ausgestattet, hier die Vertreibungsszene. Die Wandbilder litten sehr unter Feuchte-Einflüssen. Sie wurden vor einigen Jahren restauriert.
Foto: Mirko Krüger

Wartburg für Klugscheißer

Das Rosenwunder

Pflege, so lautet eines der Reizworte der Gegenwart. Es gibt den Pflegenotstand und Pflegesätze, es gibt Pflegeheime, vor allem aber gibt es zu wenige Pflegekräfte. Zumindest letzteres war, so scheint es, schon immer so – auch auf der Wartburg vor rund 800 Jahren. Damals schickte sich eine ungarische Königstochter an, zum Inbegriff tätiger Nächstenliebe zu werden.

Prinzessin Elisabeth heiratete als 14-Jährige den Thüringer Landgrafen Ludwig IV. Spätestens zu diesem Zeitpunkt wurde die Wartburg zu ihrem Wohnsitz. Schon bald war Elisabeth karitativ tätig. Geradezu legendär ist jener Moment, in dem sie angeblich entgegen dem Wunsch ihres Mannes den hungernden Eisenachern reichlich Brot in einem Korb zukommen lassen wollte. Ludwig soll seine Frau in aller Öffentlichkeit gezwungen haben, den Korb zu öffnen. Doch statt Brot erblickte er nur Rosen.

Kann das stimmen? Es gibt Versionen dieser Legende, in der statt Ludwig dessen Mutter die Rolle der Kontrolleurin übernimmt. Gut möglich ist aber auch, dass dieses Rosenwunder nie in Thüringen stattgefunden hat. Ein solches Erlebnis wird ebenso Elisabeths gleichnamiger Nichte aus Portugal zugeschrieben. Wurde die Legende erst in späterer Zeit auf die Thüringerin übertragen? Unzweifelhaft fest steht: Die Landgräfin setzte sich immer wieder für die Armen ein. In Gotha unterstützte sie ein Spital finanziell. Auch am Fuße der Wartburg ließ sie eine solche Einrichtung zur Armenpflege errichten.

Elisabeths Mann starb 1227 als Kreuzfahrer. Wenig später kehrte die Witwe dem Leben auf der Wartburg den Rücken. Dazu trug bei, dass bei Hofe heftig gegen sie intrigiert worden war. So zog Elisabeth ins hessische Marburg, woher ihr Beichtvater Konrad stammte. Er war nicht nur ein seinerzeit einflussreicher Inquisitor, sondern ebenso Elisabeths strenger, teils grausamer Übervater. Er geißelte die junge Witwe häufig und isolierte sie von ihren Freundinnen sowie ihren Kindern.

Ein auf der Wartburg zu
sehendes Fresko zeigt Elisabeth
bei der Pflege eines Kranken.
Foto: Marco Schmidt

Auch in Marburg gründete Elisabeth ein Spital, nun mit ihrem Erbe. Hier, so heißt es, wusch sie Aussätzigen ihre Wunden. Sie verstand ihren Einsatz für Leprakranke als Dienst am leidenden Christus. Viele Krankenhäuser tragen deshalb inzwischen Elisabeths verpflichtenden Namen, sogar eines in Washington. Elisabeth starb 1231. Vier Jahre später wurde sie heiliggesprochen. Sie ist bis heute die Schutzpatronin von Thüringen und Hessen.

Wartburg für Klugscheißer

Einfach mal innehalten

Spätestens dann, wenn einem all der Besuchertrubel auf der Wartburg zu viel wird, ist es an der Zeit, auf dem Elisabethplan die Stille zu genießen. Hier kann man der Heiligen ganz nahe sein.

Elisabethplan – so heißt ein kleines Plateau unterhalb der Wartburg. Es liegt mitten im Wald. An der einen Seite führt der Eselspfad vorbei, an der anderen die Zufahrtsstraße zur Burg. Dennoch bemerken nur die wenigsten Reiter und erst recht nicht vorbeisausende Autofahrer etwas vom Elisabethplan. Trotz der räumlichen Nähe liegt das Plateau abgeschirmt hinter Felsen und hohen Bäumen. Entsprechend einsam ist es hier.

Auf diesem Platz hatte Landgräfin Elisabeth anno 1225 ein Hospital errichten lassen. Nur gute 300 Jahre später wurden sowohl das Hospital als auch die angrenzende Klosterkirche abgerissen. Wer heute den Elisabethplan betritt, kann zumindest noch die Grundrisse beider Gebäude erkennen. Das einstige Hospital maß demnach 8 mal 10 Meter, was nach heutigen Maßstäben der Grundfläche eines kleineren Einfamilienhauses entspricht. Im Ergebnis einer archäologischen Grabung wurden die Mauern des Hospitals wieder rund einen halben Meter hochgezogen. Mittendrin erblüht zwar nicht das Rosenwunder, doch auch der Löwenzahn ist hübsch anzuschauen.

Im einstigen Geviert der Klosterkirche laden Bänke zum Verweilen ein. Ein idealer Ort, um nach einem Wartburg-Besuch einfach mal innezuhalten, die vielen Eindrücke zu verarbeiten – oder auch nur, um dem Gezwitscher der Vögel zu lauschen.

Tatsächlich können wir hier der heiligen Elisabeth nicht nur ideell nahe sein, sondern auch körperlich. Eine von Hans Dammann (1867–1942) entworfene Bronzefigur erinnert an die Schutzheilige. Ursprünglich war das Denkmal als Figur einer Trauernden entstanden. Erst im Jahre 2006 gelangte es auf den Elisabethplan. Im Arm trägt Elisabeth natürlich Rosen. Allerdings blühen sie nicht rot, sondern grün. Wie das eben so ist, wenn Bronze anfängt, Patina anzusetzen.

Dieses Geviert bildet das einstige Hospital nach.
Bis zu 28 Kranke wurden hier gleichzeitig untergebracht.
Fotos: Mirko Krüger

Am Rande des Elisabethplans wurde Fritz Erbe verscharrt (siehe Seite 46). Ein Gedenkstein erinnert an den im Verlies der Wartburg gestorbenen Täufer.

Wartburg für Klugscheißer

Die Lutherstube ist das
Allerheiligste der Wartburg.
Foto: Alexander Volkmann

Die berühmteste Entführung aller Zeiten

Vom 4. Mai 1521 bis zum 1. März 1522 verbarg sich Martin Luther auf der Wartburg. Um seine Identität zu verschleiern, verwandelte sich der glattrasierte Mönch in einen vollbärtigen Junker. Bereits nach 10 Tagen notierte er, dass er sich selbst nicht mehr erkennen würde.

„Hilfe! Überfall, Überfall!" Die Stasi-Leute glaubten ihren Ohren nicht zu trauen. Ein gutes Dutzend sogenannter IM, OibE und Konsorten hatte sich an jenem 4. Mai unters Volk gemischt. Natürlich in Zivil, versehen mit einem festen Klassenauftrag und ansonsten darauf vorbereitet, oppositionellen Kräften manch Spruchband und damit die Initiative zu entreißen. Und nun das: Gänzlich unerwartet stürmte da ein Mönch aus dem Dickicht hervor. „Hilfe! Überfall, Überfall!"
1983, nahe dem Dörfchen Steinbach im heutigen Wartburgkreis. Eine vielköpfige Schar schickt sich an, Martin Luther mit einem Gottesdienst zu ehren. Hier, im Glasbachgrund, hatte auf den Tag genau vor 462 Jahren ein genialer Coup seinen Anfang genommen: die vermeintliche Entführung des Reformators. Der Angriff erfolgte urplötzlich. Als sich Luthers Pferdekarren durch einen Hohlweg quälte, schnitten ihm Berittene den Weg ab. Widerstand schien zwecklos. Dennoch fasste sich Petzensteiner, ein Weggefährte Luthers, ein Herz und rannte und rannte. Am Abend erreichte er Waltershausen und berichtete von dem unglaublichen Überfall. Luther befand sich auf dem Heimweg vom Wormser Reichstag nach Wit-

tenberg. Er hatte nicht widerrufen. Damit war klar, dass Kaiser Karl V. ihn alsbald mit der Reichsacht belegen würde. Der Reformator galt als vogelfrei, er schwebte in höchster Lebensgefahr.

Die Gerüchte über Luthers Verbleib nahmen nach der Entführung kein Ende. Mancher glaubte ihn gemeuchelt. Andere wollten wissen, man habe Luther nach Rom entführt. Die Wahrheit war nur einem sehr kleinen Kreis bekannt: Der Geächtete war auf Geheiß seines Landesherrn Kurfürst Friedrich des Weisen in ein geheimes Versteck gebracht worden. „Ich laß mich eintun und verbergen, weiß selbst noch nicht, wo", hatte Luther wenige Tage zuvor den Maler Lucas Cranach wissen lassen. „Es muß eine kleine Zeit geschwiegen und gelitten sein."

Eine kleine Zeit? Alles in allem lebte Martin Luther zehn Monate inkognito auf der Wartburg. Er ließ sich einen Vollbart stehen und das Haupthaar wachsen. Er legte die Mönchskutte ab und er trug ein ritterliches Wams. Kurzum: Bruder Martin verwandelte sich in Junker Jörg. Als Luther die Wartburg wieder verließ, war eine der größten Kulturtaten der deutschen Geschichte vollbracht. Er hatte das Neue Testament übersetzt.

1983, im Glasbachgrund. „Hilfe! Überfall, Überfall!" Langsam kehrte das Wangenrot der Damen und Herren IM zurück. Nein, es war kein realsozialistischer Staatsfeind, der da anlässlich des Festgottesdienstes aus den Büschen brach. Sondern ein schauspielernder Pfarrer. Mit einer Klampfe in der Hand und mit einem Bänkellied über die Entführung auf den Lippen. „Hilfe! Überfall, Überfall!"

Wartburg für Klugscheißer

Luther warf ein Tintenfass

Vor gut 500 Jahren hat sich ein legendäres Ereignis auf der Wartburg zugetragen. Martin Luther warf mit einem Tintenfass nach dem Teufel. Noch immer suchen viele Besucher der Wartburg nach dem Tintenfleck.

Waren es Alpträume, die Luther auf der Wartburg geplagt haben? War ihm Satan erschienen? Und falls dem so war: Ließ sich der Leibhaftige tatsächlich derart einfach vertreiben, durch den bloßen Wurf eines Tintenfässchens also? Die Geschichte vom Tintenfass gehört zu einem wahren Kanon an Anekdoten, die sich um Luther ranken. So soll der einstige Student angesichts eines gewaltigen Blitzschlags gelobt haben, lieber Mönch werden zu wollen als zu sterben. Jahre später hielt der Reformator dem Wormser Reichstag angeblich entgegen: „Hier stehe ich und kann nicht anders!" Schließlich soll Luther bekundet haben, er werde selbst dann noch ein Apfelbäumchen pflanzen, wenn der Weltuntergang bereits morgen bevorstünde …
Was ist Legende, was ist wahr?

Neuzeitlicher Tintenfass-Wurf –
eine Kunstaktion im Jahre 2009.
Foto: Alexander Volkmann

Zumindest im Falle des Tintenfasses scheint die Sachlage recht eindeutig zu sein. Tatsächlich hat Luther den Teufel mit Tinte ausgetrieben – aber natürlich nur mit jener Tinte, die beim Verfassen seiner Schriften geflossen ist. Hier, auf der Wartburg, übersetzte er das Neue Testament ins Deutsche. Dies ist die wichtigste Kulturtat, die je von thüringischem Boden ausgegangen ist. Oder, um im Bilde zu bleiben: Dies war Luthers großer Wurf.
Mit Tinte geworfen wurde in der Lutherstube dennoch, allerdings erst im Jahre 2009. Damals schmetterten der Ästhetik-Professor Bazon Brock und der Maler Moritz Götze mit Tinte gefüllte Glaskugeln gegen Blätter aus feinstem Bütten-Karton. Dank der zugegen weilenden Fotografen darf zumindest dieser Tintenfass-Wurf als unzweifelhaft dokumentiert gelten. 99 Tintenflecke entstanden und wurden fortan in Galerien ausgestellt.

Wartburg für Klugscheißer

Luther als Junker Jörg

Porträts von Martin Luther gibt es zwar viele. Doch kein Bildnis ist derart berühmt wie „Luther als Junker Jörg". Es zeigt den Reformator so, wie er während seines Wartburg-Aufenthalts ausgesehen hat.

Getarnt als Junker namens Jörg versteckte sich Martin Luther 1521/22 auf der Wartburg vor den Häschern des Kaisers. Allerdings entstand das Porträt des Junker Jörg nicht auf der Wartburg, sondern in Wittenberg. Hierher war Luther während seiner zehn Monate in Eisenach für einige Tage heimlich zurückgekehrt.

Der Holzschnitt fand in Form von Flugblättern und Druckschriften große Verbreitung, jedoch erst nach dem Ende des Asyls auf der Wartburg. Zu groß wäre sonst die Gefahr gewesen, Luthers Tarnung preiszugeben. Cranach verewigte den Junker anno 1522 auch als Gemälde. Davon wiederum entstanden etliche Kopien in der Cranach-Werkstatt.

Das protestantische Lager bediente in jenen Jahren die Öffentlichkeit ganz gezielt mit Luther-Bildnissen. Tatsächlich hatte Lucas Cranach bereits 1520 damit begonnen, Luthers Image mit Hilfe von Porträts zu formen. Die Anregung dazu war von Albrecht Dürer ausgegangen. Der Malerkollege hatte sich an den Wittenberger Kurfürsten mit der Bitte gewandt, den von ihm protegierten Reformator „kunterfetten" (konterfeien, porträtieren) zu lassen.

Vor dem „Junker Jörg" entstanden bereits die in Kupfer gestochenen Porträts „Luther als Mönch" und „Luther als Mönch mit Doktorhut". Diese Vielköpfigkeit eignete sich hervorragend dazu, verschiedene Zielgruppen anzusprechen. So symbolisiert der fromme Mönch die Gesprächsbereitschaft Luthers vor dem Reichstag in Worms. Das Bildnis ist zudem eines, das ein breites Publikum anspricht. Im Gegensatz dazu richtete sich das Doktor-Porträt an Gebildete. Das Junker-Bildnis holte den Reformator wiederum in den weltlichen Alltag zurück ... Dutzende Bildwerke im lutherischen Sinne folgten. Sie machten Lucas Cranach letztlich zum ersten Agit-Prop-Künstler aller Zeiten. Nachspüren kann man diesem Werdegang natürlich auch auf der Wartburg. Die Stiftung ist im Besitz wertvoller Cranach-Gemälde und stellt sie dauerhaft aus.

So soll Luther während seiner Zuflucht auf der Wartburg ausgesehen haben. Der Holzschnitt stammt von Lucas Cranach.

Wartburg für Klugscheißer

Unser aller Playboy

Wer ist exakt 7,5 Zentimeter groß und besitzt sieben bewegliche Körperteile? Ehe Sie sich allzu sehr den Kopf zermartern: Wir meinen natürlich Luther. Besser gesagt: Wir sprechen von ihm als Playmobil-Figur. Sie ist seit einigen Jahren das begehrteste aller Luther-Souvenirs. Das veranlasst uns, Luthers einstigem Gegenspieler einen Brief zu schreiben …

Lieber Johann Tetzel,

es gibt Supermärkte, die küren beständig ihre Verkäufer des Monats. Hätte es diese Bestenlisten bereits zu Ihren Lebzeiten gegeben, wäre Ihnen der Spitzenplatz sicher gewesen. Ihre Verkaufstalente waren groß, erschreckend groß sogar, wenn man bedenkt, dass Sie eine ziemlich vergängliche Ware angeboten haben – das Seelenheil. „Wenn das Geld im Kasten klingt, die Seele aus dem Feuer springt", so lautete Ihr Versprechen.
Dann aber kam ein Verbraucherberater daher, ein gewisser Luther.
95 Thesen wider den Ablasshandel hatte dieser Mönch an die Wittenberger Schlosskirche genagelt. Dieser Moment gilt als die Geburtsstunde der Reformation. Und: Ohne diese Thesen wäre Luther wohl nie auf der Wartburg gelandet, ohne sie hätte er hier wohl nie und nimmer seine Bibelübersetzung begonnen. Eigentlich sind Sie es also, verehrter Herr Tetzel, dem wir in letzter Konsequenz die Berühmtheit der Wartburg zu verdanken haben.
Sie freilich gerieten in Vergessenheit. Nicht aber dieser Luther. Seit dem Jahr 2015 existiert der Reformator sogar als Spielzeug-Männel. Schon nach kurzer Zeit hatte Hersteller Playmobil wissen lassen, es seien bereits mehr als eine Million dieser Figuren verkauft worden. Nie zuvor habe eine authentische Spielfigur reißenderen Absatz gefunden.
Luther verkauft sich bestens. Ja, ja, verehrter Herr Tetzel, ich ahne, was Sie jetzt denken. Das, was für uns ein Souvenir ist, ein Spielzeug gar, ist für Sie nichts

anderes als ein moderner Ablassbrief. Wir stellen uns den Plastik-Luther gern auf den Schreibtisch, wir lassen die Kinder damit spielen, wir knipsen Selfies mit ihm. In der Lutherbibel lesen können wir später immer noch. Oder wir lassen es gleich ganz bleiben.
Eigentlich kostet Luther als Playboy im Museumsshop der Wartburg nur 3,50 Euro. Doch zu Zeiten der freien Marktwirtschaft werden bei Internet-Händlern auch schon mal 19,90 Euro für den Burschen fällig.
Warum die Preise schwanken? Es gibt wohl kleine Sünden und große …

Die überhaupt ersten Playmobil-Figuren entstanden 1972; damals war Luther bereits mehr als 400 Jahre tot.
Foto: Mirko Krüger

Wartburg für Klugscheißer

Luther übersetzte als erster die Bibel

In lediglich elf Wochen übertrug Luther auf der Wartburg das Neue Testament ins Deutsche. 1522 erschien es als Druckschrift. Seither hält sich die Auffassung, dies sei die erste Bibel in deutscher Sprache.

Es war ein Satz wie Donnerhall – und er wurde, wie sonst bei einem solchen Anliegen, auf Latein verkündet. „Sed ne praemissos libros habeant in vulgari translatos, archissime inhibemus." Nichts anderes hatte anno 1229 die Synode von Toulouse bestimmt, als ein jahrhundertelang geltendes Gebot. „Dass sie die Bücher (gemeint sind das Alte und das Neue Testament) in einer volkssprachlichen Übersetzung besitzen dürfen, das verbieten wir aufs Grundsätzlichste."
Erst Martin Luther, so die allgemeine Überzeugung, brach mit seiner auf der Wartburg erfolgten Übersetzung des Neuen Testaments aus dem Altgriechischen ins Deutsche das Tabu. Tatsächlich hatte es aber bereits im Jahrhundert zuvor erste Übertragungen in die Sprache des gemeinen Mannes gegeben, wenngleich diese Bibeln keineswegs dem Volke zugedacht waren. So versuchten sich in den 1420er-Jahren mehrere Regensburger Meister an einer Prachtausgabe der Evangelien in deutscher Sprache. Feinsäuberlich pinselten die Illustratoren güldene Initialen, zogen farbenprächtige Zierranken und schufen 46 halb-, teils sogar ganzseitige Miniaturen auf einem Grund aus reinem Gold. Als Ottheinrich-Bibel ging das Werk in die Geschichte ein. Sie gehört mittlerweile zur Sammlung der Bayerischen Staatsbibliothek.
Wenigstens 18 unterschiedliche Bibel-Ausgaben in deutscher Sprache erschienen vor Luthers Übersetzung. Der Makel dieser Vorläufer bestand darin, dass sie schwer verständlich waren. Sie lehnten sich zum einen zu sehr an den Duktus des lateinischen Textes an, indem sie Wort für Wort übersetzten. Zum anderen pflegten die ersten Übersetzer einen veralteten Sprachstil.
Dagegen suchte Martin Luther von Anbeginn an nach einer alltagstauglichen Sprache. Statt wie seine Vorgänger an jedem Buchstaben des spröden Latein zu kleben, übersetzte er dem Sinn nach und das gern auch auf Grundlage der sich durch eine lebendigere Sprache auszeichnenden hebräischen und griechischen Schriften. Er war überzeugt: Wer verstanden werden will, muss die Mutter im Hause, die Kinder auf der Gassen, den gemeinen Mann auf dem Markt fragen, wie man spricht.

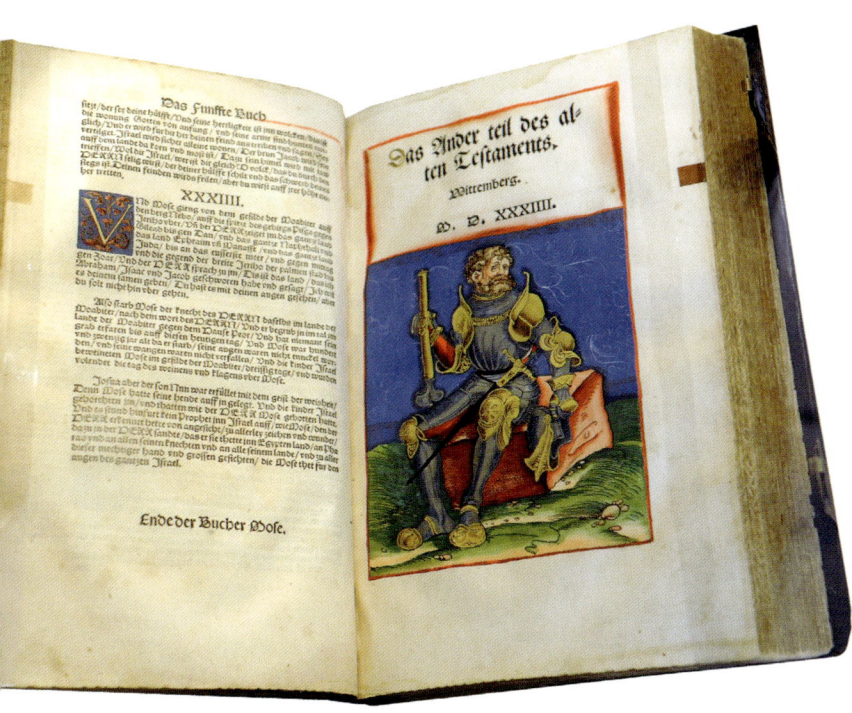

Ein kolorierter Holzschnitt aus der Luther-Bibel von 1534. Das Bild zeigt Josua in Gestalt eines geharnischten Ritters. Die Darstellung erinnert an Luther als Junker Jörg. Foto: Marco Schmidt

Seine Forderung, man müsse dem Volk aufs Maul sehen, gehört bis heute zu den beliebtesten Luther-Zitaten.
Luthers Erstübersetzung erschien zur Leipziger Herbstmesse 1522. Obwohl der Preis für jedes der 3000 Exemplare bei etwa einem Gulden lag, was dem Preis eines Kalbs entsprach, fand die Ausgabe reißenden Absatz. Bereits nach wenigen Wochen folgte eine zweite Auflage – inklusive sprachlicher Verbesserungen.
Anno 1534 erschien mit der „Biblia das ist die gantze Heilige Schrifft Deudsch" die erste vollständige Luther-Bibel. Ein besonders prächtig ausgestattetes Exemplar dieser Erstausgabe wird von der Weimarer Anna-Amalia-Bibliothek aufbewahrt. 127 kolorierte Holzschnitte aus der Werkstatt von Lucas Cranach schmücken diese Heilige Schrift.

Wartburg für Klugscheißer

Aha

Luthers ungeliebter Bruder

Ausgerechnet auf der Wartburg, da also, wo Luther einige Jahre zuvor noch Schutz und Zuflucht gefunden hatte, schmachtete von 1540 bis 1548 ein anderer Reformator im Verlies. Seine Gebeine wurden im Jahre 2006 am Fuße der Burg entdeckt.

Säuglinge tauft man nicht. Erst wenn Kinder mündig werden und sich bewusst für das Glaubensbekenntnis entscheiden, sollte eine Taufe erfolgen. Von diesen Gedanken war Fritz Erbe nicht nur zutiefst überzeugt. Für diese aufrührerische Haltung war er auch bereit, seine Freiheit zu geben, statt zu widerrufen. 15 Jahre wurde er inhaftiert, erst im Eisenacher Storchenturm, dann bis zu seinem Tod auf der Wartburg. Sein Verlies befand sich im Südturm der Burg, hinter zwei Meter dicken Mauern. Einst wurden Gefangene durch das sogenannte Angstloch in den Kerker abgeseilt. Heutzutage können wir durch diese vergitterte Öffnung zumindest noch einen Blick ins Verlies werfen.

Fritz Erbe war zu Zeiten der Reformation ein bekannter Vertreter der Täufer-Bewegung. Der Bauer stammte aus Herda, einem Dorf unweit von Eisenach. Weil er von der reinen lutherischen Lehre abwich, wurde er bereits zeitlebens als Schwärmer diffamiert. Die Erinnerung an ihn und andere ungeliebte Brüder, sagt Thomas T. Müller, sei geprägt durch „eine äußerst zählebige, von Luther selbst begründete Stigmatisierung als illegitime Außenseiter." Müller ist Direktor der Mühlhäuser Museen. Er versucht, mit Vorträgen, Büchern und Ausstellungen die Verdienste von Reformatoren wie Fritz Erbe ins rechte Licht zu rücken.

Aus schriftlichen Quellen ist bekannt, dass Erbes Leichnam 1548 unterhalb der Wartburg verscharrt worden ist. Archäologen konnten 2006 im Bereich des Elisabethplans das Skelett eines Mannes bergen. Die wissenschaftlichen Befunde deuten darauf hin, dass es sich um die sterblichen Überreste Fritz Erbes handelt. Letzte Gewissheit besteht freilich nicht.

Vermutlich handelt es sich bei diesem Skelett um die sterblichen Überreste Fritz Erbes.
Foto: Sven-Uwe Völker

Aha

Frankenstein und Luther

Im Jahre 1818 erschien die Erstausgabe von „Frankenstein". Der Roman von Mary Shelley gilt bis heute als Inbegriff der Gruselgeschichte. Nahezu unbekannt ist indes, dass die Engländerin auch die Wartburg literarisch verewigt hat.

Im Sommer des Jahres 1842 unternimmt die Schriftstellerin eine Bildungsreise durch Deutschland. Von Franken kommend gelangt sie nach Thüringen. Die Wartburg wird zu ihrem ersten Ziel. In der Lutherstube sucht die Engländerin nach jenem legendären Fleck, den der Reformator beim Wurf eines Tintenfasses nach dem Teufel verursacht haben soll. Am 21. Juli notiert sie in ihrem Tagebuch: „Irgendein Tourist hat das erinnerungswürdige Gipsstück mit sich genommen."

175 Jahre später erschien Shelleys Reisebeschreibung erstmals auf Deutsch – unter dem Titel „Streifzüge durch Deutschland". Ihre in Briefform abgefassten Notizen zeigen die Engländerin als äußerst aufmerksame Beobachterin. Sie schildert Details, ohne sich darin zu verlieren. Sie sucht nach dem Geist der besuchten Orte. Sie versteht es, das Erlebte mit Ausflügen in die Historie zu verknüpfen.

Auf der Wartburg ist sie nicht nur zutiefst beeindruckt davon, eine authentische Lutherstätte erleben zu dürfen. Auch die „Waffenrüstungen von verschiedenen Helden alter Zeiten" ziehen sie in ihren Bann. Schließlich schwärmt Shelley sogar von der erhabenen Aussicht, die sich ihr von der Burg aus geboten hat. „Als ich hinaus aus dem Fenster auf den Thüringer Wald blickte, fühlte ich mich glücklich im Sinn einer gestillten Wissbegier, oder vielleicht eher in dem eines anderen Gefühls, dem ich keinen präzisen Namen geben kann, das jedoch das Herz schwellen und das Innere erglühen lässt, während man diese hier versammelten Erinnerungen an die berühmte Vorzeit sieht, berührt und ihre Atmosphäre atmet. Der geehrte Name Luthers hatte mehr als jeder andere das Recht und die Kraft, dieses hervorzurufen."

Von der Wartburg aus reist Mary Shelley nach Erfurt. Wieder ist eine Wirkungsstätte des Reformators ihr Ziel. Das Pilgern ins Augustinerkloster erledigt sie, wie sie schreibt, „pflichtschuldigst".

Mary Shelley im Jahre 1840, gemalt von Richard Rothwell. Zwei Jahre später brach sie zu einer Reise auf, die sie auch auf die Wartburg führen sollte. Das Bild erschien 1889 in einer Shelley-Biografie.

Die vergewaltigte Prinzessin

Die Wartburg besitzt 13 Gemälde sowie zahlreiche Grafiken von Lucas Cranach und dessen Werkstatt. Die Gemälde sind zumeist im Burgmuseum ausgestellt. Einzelne Bilder verlassen die Wartburg aber auch zeitweise als Leihgabe. Das herausragende Werk ist die „Junge Mutter mit Kind", es entstand um 1525.

Wer sich dieses Ölgemälde im Original sehr genau ansieht, kann im Hintergrund zwischen Bäumen einen klitzekleinen Mann entdecken. Er ist nackt. Kunstwissenschaftler meinen, in dem Männlein den heiligen Chrysostomos ausgemacht zu haben. Demnach spielt Cranach mit seinem Bild auf eine legendäre Vergewaltigung an.
Chrysostomos lebte um das Jahr 400; er war Erzbischof von Konstantinopel. Der Kirchenvater soll, so die Überlieferung, eine Königstochter geschändet und getötet haben. In anderen Texten heißt es, sie habe sich vor Scham selbst entleibt. Wie auch immer: Als Buße schwor Chrysostomos, fortan nackt im Wald leben zu wollen und sich nur noch kriechend zu bewegen.
Eines Tages ereignete sich ein Wunder. Chrysostomos erblickte auf einem Felsen die Prinzessin – unverletzt sowie mit beider Kind.
Geschichten wie diese erschließen sich eiligen Burgbesuchern eher nicht. Aber sie zeigen einmal mehr, dass es nicht nur bildend sein kann, in Cranachs Bilderwelten einzutauchen – sondern immer auch unterhaltsam.

Mutter und Kind dominieren das Gemälde. Wer den sehr klein dargestellten Chrysostomos entdecken möchte, sollte idealerweise vor dem großformatigen Originalbild stehen.
Foto: Wartburg-Stiftung

Wartburg für Klugscheißer

Im Zeichen der Schlange

Erst kommt der Prinzenteich, wenig später der Liliengrund, prächtige Laubbäume folgen, schließlich steht der Wanderer einer geflügelten Schlange gegenüber. Es ist das in Stein gemeißelte Familienwappen der Malerdynastie Cranach.

Der Wanderweg zur Wartburg ist einer der malerischsten der Region. Und er stimmt schon unterwegs darauf ein, dass wir im Burgmuseum wunderbare Cranach-Werke bewundern können.

Es sind weder Lucas Cranach der Ältere noch sein gleichnamiger Sohn, denen der Gedenkstein am Spazierweg gilt. Das Mal wurde zu Ehren von Hans Lucas von Cranach errichtet. Er lebte knappe vier Jahrhunderte nach den berühmten Malern und war Oberburghauptmann. Als solcher gehörte Cranach nicht nur zu den Initiatoren der 1922 gegründeten Wartburg-Stiftung. Er engagierte sich auch privat für die von ihm verwaltete Burg.

So schloss Hans Lucas von Cranach 1926 mit der Stiftung einen Erbvertrag. Er überließ zahlreiche Kunstwerke aus seinem Besitz der Wartburg, darunter Gemälde seiner Ahnen. Für weitere Werke räumte er der Stiftung ein Vorkaufsrecht ein.

Der Oberburghauptmann starb 1929 – auf der Wartburg.

Der Stein zitiert das Credo des Oberburghauptmanns: Je getreuer, je getroster.
Foto: Mirko Krüger

Die Liebe und andere Irrungen

Was wäre, wenn auf der Wartburg vor allem die Produzenten von Kino- und Fernsehfilmen das Sagen hätten? Vermutlich würde dann jede Woche auf der Burg gedreht – und die eigentlichen Besucher hätten das Nachsehen. So kommt es, dass uns in Filmen immer wieder andere Orte als die Wartburg präsentiert werden. Wer aber bemerkt dies überhaupt?

Er war, so heißt es, nicht irgendeiner Frau zugetan, sondern einer Göttin. Mit Venus höchstselbst soll sich der gute alte Tannhäuser vergnügt haben. Das Ganze hat sich, der geneigte Leser ahnt es bereits, natürlich in Thüringen zugetragen. Womit wieder einmal ein Beweis dafür erbracht ist, dass die angeblichen Bratwurstfresser in Wirklichkeit ein äußerst sinnliches Völkchen sind.

Das hatte im Jahre 2011 wohl auch irgendwie das Fernsehen bemerkt. Eine in Leipzig beheimatete Anstalt dreht einen Film über den legendären Minnesänger. Der Arbeitstitel lautete »Ritter Tannhäuser auf der Wartburg«, was wie eine Hommage an die Wagner-Oper »Tannhäuser und der Sängerkrieg auf Wartburg« klang. Gedreht wurde übrigens nicht in Eisenach, sondern auf Burg Falkenstein. In Sachsen-Anhalt also.

Das erinnert ein wenig an Luther. Als 2002 ein mit Bruno Ganz, Peter Ustinov und Joseph Fiennes hochkarätig besetzter Luther-Film gedreht wurde, geschah dies tatsächlich auch auf der Wartburg. Eigens für die Dreharbeiten im Festsaal wurden Teile der Burg tagelang gesperrt. Wer den Film später sah, rieb sich mitunter verwundert die Augen: Genau diese Szenen wurden als in Worms (Rheinland-Pfalz) handelnd ausgewiesen.

Natürlich kam in „Luther" auch die berühmte Luther-Stube zu ihren Ehren. Oder besser gesagt: ihr Double. Die originale Kemenate war den Filmleuten schlichtweg zu gut restauriert. Zu Luthers Zeiten war die Burg verwohnt, begründete der Chefausstatter des Films. Feucht und schimmelig seien die Wände gewesen. Deshalb ließ er jene Stube, in der Luther das Neue Testament ins Deutsche übertragen hatte, in einem Münchner Atelier nachbauen. Gewollter Nebeneffekt des Ganzen: Unter Studio-Bedingungen ging es nicht derart beengt zu wie auf der Wartburg. Gut möglich, dass zumindest dem wahren Tannhäuser ein solches Wechselspiel gefallen hätte. Der Minnedichter liebte Parodien.

Wartburg für Klugscheißer

Hoch über Eisenach liegt die Wartburg. Als mittelalterliche Höhenburg galt sie als uneinnehmbar. Heutzutage wird sie täglich neu erstürmt – von Touristen. Foto: Sascha Fromm

Wartburg für Klugscheißer

Aha

Zahlensalat

411
Meter über dem Meeresspiegel liegt die Wartburg.

650
Teile umfasst die Bestecksammlung der Wartburg. Sie gelangte 1843 hierher. Zusammengetragen hatte all die Gabeln, Löffel und Messer ein privater Sammler, der Freiherr von und zu Egloffstein.

2960
Kilometer sind es von der Wartburg bis nach Budapest, sofern wir dem Internationalen Bergwanderweg folgen. Er führt in die Heimat der heiligen Elisabeth.

3
Meter ist das vergoldete Turmkreuz der Wartburg hoch sowie knapp 2 Meter breit.

40
Meter ist der Festsaal im Obergeschoss des Palas lang. Hier werden häufig klassische Konzerte gegeben. Auch Wagners „Tannhäuser" wird im Saal aufgeführt.

2
Türme gehören zur Burg, der klassische Bergfried sowie der niedrigere Südturm.

800
Flugschriften aus der Zeit der Reformation gehören zur Luther-Bibliothek der Wartburg.

9000
Objekte zählen zur Kunstsammlung der Wartburg.

760.912
Besucher erstürmten die Burg 1990, im Jahr der deutschen Einheit. Nie zuvor und nie danach kamen mehr Gäste binnen eines Kalenderjahres.

38.220
Besucher kamen im zweiten Halbjahr 1894 auf die Wartburg. Seitdem wird die Zahl der verkauften Eintrittskarten erfasst.

5
Sterne hat das „Romantik Hotel" auf der Wartburg. Es wurde 1914 eröffnet. 37 Zimmer stehen zur Verfügung.

10
Meter reicht das Verlies im Südturm in die Tiefe.

52
Menschen halten den Betrieb auf der Wartburg am Laufen – vom Parkplatzwächter über Führungs- und Aufsichtskräfte bis hin zu Haustechnikern, wissenschaftlichen Mitarbeitern und dem Burghauptmann. Bei Bedarf kommen Saisonkräfte hinzu.

6
Dichter nahmen am sagenhaften Sängerkrieg teil.

Wartburg für Klugscheißer

Das Klugscheißer-Quiz

1. Graf Ludwig begründete die Wartburg. Was hat es mit seinem Beinamen „der Springer" auf sich?
2. Hat der Minnesänger Tannhäuser auf der Wartburg auch Jazz gesungen?
3. Trägt die heilige Elisabeth im Grab wirklich eine Krone?
4. Weshalb wird Landgraf Friedrich auch als der Gebissene bezeichnet?
5. Im Festsaal der Wartburg hängt eine Kopie der Fahne der Jenaer Urburschenschaft. Sie ist rot-schwarz-rot. Wie passt diese Farbgebung zum Mythos von den schwarz-rot-goldenen Nationalfarben?
6. Was haben Elefanten mit der Wartburg zu tun?
7. Wer vom Südturm der Burg aus über die angrenzenden Wälder blickt, sieht an einem Felsen ein sechs Meter hohes, goldenes M. Wofür steht es?
8. Stimmt es, dass das goldene Kreuz auf dem Bergfried zeitweilig durch ein Hakenkreuz ersetzt worden ist?
9. Sind die Märchenschlösser aus Disneys Freizeitparks wirklich der Wartburg nachempfunden?
10. Was verbindet die Wartburg mit Madagaskar?
11. Wer sind die Wartburg Knights?
12. Was ist ein Schwarzer Esel?
13. Wie oft wurde die Wartburg von gegnerischen Truppen erobert?
14. Was hat es mit der Schlupftür auf sich?
15. Auf der Wartburg gibt es ein Angstloch. Wozu diente es?

Das goldene Kreuz wurde 1859 auf dem Bergfried aufgestellt. Es ist drei Meter hoch. Foto: Mirko Krüger

Wartburg für Klugscheißer

Auflösung

1. Der Graf hatte im Jahre 1085 angeblich den Pfalzgrafen Friedrich III. von Goseck entweder ermorden lassen oder sogar selbst getötet. Der Sage nach kam er auf Burg Giebichenstein (Halle) in Haft. Er befreite sich durch einen kühnen Sprung aus einem Fenster und landete wohlbehalten in der an der Burg vorbeifließenden Saale. Fortan nannte man ihn den Springer.

2. Ja, allerdings nur in seiner Verkörperung durch Manfred Krug. Der Schauspieler übernahm 1967 die Hauptrolle in der Filmkomödie „Frau Venus und ihr Teufel". Er spielte einen Wartburg-Besucher, der sich plötzlich im Jahre 1200 wiederfindet. Der Tourist wird für Ritter Tannhäuser gehalten – und als solcher muss er sich am Sängerkrieg beteiligen. Er versucht es mit Jazz.

3. Diese Frage weiß niemand mit Gewissheit zu beantworten. Unbestritten ist, dass Elisabeth 1231 in Marburg bestattet worden ist. Fünf Jahre später wurden ihre sterblichen Überreste von Kaiser Friedrich II. und weiteren Fürsten in die neu errichtete Elisabethkirche umgebettet. Der Kaiser erschien zu dieser Zeremonie barfuß und im Büßergewand. Elisabeths Schädel ließ er mit einer Krone versehen, in ein Reliquiar einfassen und in der Kirche ausstellen. 1539 beendete der protestantische Landgraf Philipp von Hessen den Kult um die sterblichen Überreste. Er ließ sie an einem unbekannten Ort bestatten. Eventuell gelangten der Schädel und die Schienbeine nach Wien. Das dortige Elisabethinenkloster bewahrt solche Gebeine in einem gläsernen Kasten und schreibt sie Elisabeth zu. Auf dem Schädel ruht eine Krone.

4. Friedrich I. wurde 1257 auf der Wartburg geboren. Als sein Vater – Albrecht der Entartete – eine Affäre mit einer Hofdame seiner Mutter Margaretha einging, zerbrach die Ehe. Margaretha verließ 1270 die Burg. Vom Abschiedsschmerz überwältigt soll sie ihrem Sohn heftig in die Wange gebissen haben. Schon bald starb Friedrichs Mutter. Sein Vater nahm die Geliebte zur zweiten Ehefrau.

5. Diese Fahne ist nur auf den ersten Blick rot-schwarz-rot. Wer genauer hinsieht, entdeckt einen goldfarbenen Eichenzweig in der Mitte der Fahne sowie goldene Fransen. Diese Farbgebung lehnt sich an die Uniform des Lützowschen Freikorps an. Die Soldaten trugen schwarze Röcke mit roten Aufschlägen sowie goldfarbenen Knöpfen. Die schwarz-rot-goldene Fahne, wie wir sie heute kennen, wurde erst ab 1832 weithin bekannt.

6. Große Tiere sind auf der Wartburg immer mal wieder zu Gast, allen voran Präsidenten, Kanzler und Majestäten. Beinahe wären auch echte Dickhäuter dazugekommen. Oberburghauptmann von Cranach hatte 1894 die Idee, dass Besucher auf Elefanten zur Wartburg reiten können. Die Tiere wollte er sich in Hagenbecks Tierpark (Hamburg) ausborgen. Daraus wurde ebenso wenig wie aus der immer mal wieder diskutierten Bergbahn.

7. M ist nicht nur einfach der 13. Buchstabe des Alphabets. M ist zugleich eine legendäre Abkürzung. Fans von James-Bond-Filmen wissen, dass sich hinter dem Decknamen M der Chef von Agent 007 verbirgt. Zwischen 1995 und 2012 wurde M von einer Frau gespielt. Auch das M gegenüber der Wartburg steht für eine legendäre Frau – für Maria Pawlowna. Ihr M war bereits 1805 in den Fels gehauen sowie vergoldet worden, also kurz nach der Hochzeit der Zarentochter mit dem hiesigen Erbprinzen. 1828 wurde sie Großherzogin von Sachsen-Weimar-Eisenach. Ihr Sohn Carl Alexander trieb in der Mitte des 19. Jahrhunderts den Wiederaufbau der Wartburg maßgeblich voran. Der Überlieferung nach hatte ihn die Mutter dazu inspiriert.

Der Bildhauer Christian Friedrich Tieck verewigte Maria Pawlowna anno 1805. Foto: Roland Obst

8. Am 10. April 1938 ordnete der örtliche Vorsteher der NSDAP an, das christliche Symbol abzunehmen und durch ein Hakenkreuz zu ersetzen. Nach wenigen Tagen kam aus Berlin die Anweisung, unverzüglich das Original wieder aufzustellen. Vermutlich hatte es heftige Proteste auch aus dem Ausland gegeben. 1944 ließ Thüringens Gauleiter Fritz Sauckel das vergoldete Kreuz erneut demontieren und vom Bergfried stürzen. Nun wurde von den Nazis die Legende gestreut, ein englisches Kriegsflugzeug habe es gerammt. 1946 kehrte das restaurierte Kreuz zurück auf den Turm.

Wartburg für Klugscheißer

9. Eigentlich nicht, aber … Vorbild für Disneys Dornröschenschloss war Schloss Neuschwanstein im Allgäu. Der Bau des bayerischen Schlosses wiederum war unzweifelhaft von der Wartburg inspiriert. Bayerns König Ludwig II. hatte 1867 die Wartburg besucht. Wenig später legte er sich fest: Er wünschte sich ein romantisches Schloss, das an alte Ritterburgen sowie an die musikalische Welt des Sängerkriegs erinnert. Der König entsandte daraufhin seine Architekten zu einer Studienreise nach Eisenach. Sie fertigten Zeichnungen des Baukörpers sowie der Räume an. Sogar den Festsaal der Wartburg ließ Ludwig II. auf Neuschwanstein recht detailgetreu nachbauen.

10. Rund 8700 Kilometer liegen zwischen der Burg und der Insel im Indischen Ozean. Zumindest im Burgcafé verschmelzen beide Orte – und zwar im Mund der Gäste. Hier wird die Wartburg-Torte serviert, eine klassische Schokoladentorte. Sie besteht zu großen Teilen aus Manjari-Kuvertüre, welche wiederum 64 Prozent madegassischen Kakao enthält. Manjari schmeckt leicht säuerlich nach Früchten sowie nach gerösteten Nüssen.

11. We are Wartburg – so steht es in großen Lettern auf den T-Shirts und Pullovern der Wartburg Knights. Wir sind Wartburg. Eigentlich bedeutet das Wort „Knights" einfach nur Ritter. Tatsächlich nennt sich die Sportabteilung des Wartburg College so. Baseball-Spieler gehören zum Verein ebenso wie Basketballerinnen;

Das Wappen der Wartburg-Knights.

natürlich gibt es auch Cheerleader sowie exklusiv für Männer eine Wrestling-Abteilung. Das Wartburg College war 1852 von einem bayerischen Missionar in den USA gegründet worden. Es befindet sich in der Kleinstadt Waverly (Iowa).

12. Schwarzer Esel, so heißt ein Schwarzbier, das nach den Eseln der Wartburg benannt worden ist. Das Patentier des Bieres ist eine Stute namens Anja. Experten schmecken aus dem Bier leichte Aromen von Kaffee und Schokolade heraus. Es ist malzig und lieblich. Gebraut wird der Schwarze Esel in der Vereinsbrauerei Apolda.

13. Nie.

14. Jeder Wartburg-Besucher läuft an der Schlupftür vorüber, meist, ohne sie überhaupt zu bemerken. Wie der Name bereits sagt, dient sie dazu, hinein oder hinaus zu schlüpfen. Deshalb ist eine solche Tür recht klein. Im Falle der Wartburg wurde die Schlupftür in das große, hölzerne Burgtor eingelassen. Wenn früher nur einzelne Personen passieren wollten, musste dank der kleinen, zusätzlichen Tür nicht eigens das große Tor geöffnet werden. Heutzutage steht das Burgtor immer offen, eben weil im Tagesdurchschnitt rund 1000 Gäste auf der Burg weilen.

Die Schlupftür ist Teil des großen Tors.
Foto: Mirko Krüger

15. Als Angstloch wird eine enge, vergitterte Öffnung im Fußboden des Südturms bezeichnet. Darunter befindet sich das Verlies. Durch das Angstloch wurden einst Gefangene auf einem sogenannten Reitholz abgeseilt bzw. mit Strickleitern nach oben geholt.

Das Angstloch wurde durch eine Absperrung zusätzlich gesichert. Man weiß ja nie, auf welche Ideen manche Besucher sonst kommen …
Foto: Mirko Krüger

Wartburg für Klugscheißer

Goethe, Mönch und Nonne

Zeitlebens zog es Goethe immer wieder auf die Wartburg. Ausgerechnet sein erster Besuch stand unter keinem guten Omen. Der Dichter war krank. Doch schon bald fühlte er sich auf der Burg bestens aufgehoben.

Goethe und Weimar – wer das eine sagt, denkt das andere meist mit. Die Wartburg erscheint dagegen auf den ersten Blick weit weg. Der genauere Blick zeigt: Weimar ist nicht einfach nur Weimar. Der Name der Stadt steht stellvertretend für ein Herzogtum, ab 1815 sogar für ein Großherzogtum. Sein Name ist „Sachsen-Weimar und Eisenach". Eisenach war Residenzstadt.
Goethe tritt 1776 als Geheimrat in die Staatsdienste ein. Er verbringt sehr viel Zeit damit, das Herzogtum zu erkunden. Allerdings verschlägt es ihn erst nach mehr als einem Jahr auf die Wartburg. Am 9. September 1777 vermerkt er in seinem Tagebuch: „… auf die Wartburg. Zahn und Backenweh ward wieder schlimmer. Schlief fast nicht die ganze Nacht."
Goethe ist bereits seit Tagen auf Reisen. Er möchte die Eisenacher Region erkunden. Während sich einige seiner Begleiter im komfortablen Stadtschloss einquartieren, nächtigt der Dichter auf der Burg. Am 13. September schreibt er an Charlotte von Stein: „Hier wohn ich nun, liebste… der Herzog hat mich veranlasst heraufzuziehen. Hieroben! Wenn ich Ihnen nur diesen Blick, der mich nur kostet aufzustehn vom Stuhl, hinübersegnen könnte. In dem grausen linden Dämmer des Monds die tiefen Gründe, Wiesgen, Büsche, Wälder und Waldblösen, die Felsen Abgänge davor, und hinten die Wände… und das weite Thüringen hinterwärts im dämmer sich dem Himmel mischt. Liebste, ich hab eine rechte fröhlichkeit dran."
Einen Tag später schwärmt er erneut: „Nachts halb 12. Eben komm ich wieder aus der Stadt herauf. Noch eine gute Nacht. Im Mondschein den herrlichen

Stieg auf die Burg! ... So seltsam mirs vor 4 Wochen geklungen hätte auf der Wartburg zu wohnen, so natürlich ist mir's iezt, und ich bin schon wieder so zu Hause wie im Nest."
Ebendieses Nest hält der Dichter in jenen Tagen in etlichen Zeichnungen fest. Er verewigt die Burg aus allen erdenklichen Himmelsrichtungen. Mal fängt er einfach nur Lichtstimmungen ein, mal gibt er die Burg mit unglaublicher Detailtreue wieder. Einer derer, die ihn beim Zeichnen beobachten, ist der Theologe Franz Oberthür. Er beschreibt seinen Wartburg-Besuch am 17. September so: „Fast eine halbe Stunde mußte ich, wie im Vorhofe des Tempels, warten, bis ich Goethen zu sehen bekam... Er hatte soeben die, seinem Fenster geradeüber stehenden zwei von der Natur gesetzten Spitzsäulen gezeichnet, die unter dem Namen des Mönchs und der Nonne bekannt sind."
Der Mönch und die Nonne, das sind zwei sagenhafte Felsen nahe der Wartburg. Sie verkörpern angeblich Liebende, die sich entgegen aller klösterlichen Regeln inniglich küssen.
Goethe bleibt mehrere Wochen. Als er am 10. Oktober 1777 nach Weimar zurückkehrt, zieht er ein erstes Resümee. Nun ist es jedoch kein Zahnweh, das ihn plagt, es ist der Abschiedsschmerz: „Mit Weh hab ich meine Wartburg verlassen, und Weimar mit kindischer Freude wiedergesehen."
Genau 30 Jahre nach seinem ersten Besuch auf der Burg greift Goethe das Motiv der legendären Felsen wieder auf. Im Tagebuch steht unter dem 14. Dezember 1807 dazu nur ein kurzer Satz: „Ich zeichnete die Wartburg."
Tatsächlich befindet er sich in Weimar; er zeichnet aus dem Gedächtnis und auf Basis früherer Skizzen. Nun freilich blickt Goethe nicht von der Wartburg auf Mönch und Nonne. Er wechselt vielmehr die Perspektive. Er hält Mönch und Nonne im Vordergrund fest; die Burg steht am Horizont (siehe nächste Seite).

Wartburg für Klugscheißer

Goethe zeichnete 1807 die Wartburg mit den beiden Felsen namens Mönch und Nonne.
Abbildung: Klassik Stiftung Weimar

Wartburg für Klugscheißer

Aha

Das Wartburgfest von 1817

Es gibt Sätze, die sagen wir heutzutage in größter Selbstverständlichkeit dahin. Sätze wie: Die Wartburg ist die Burg der Deutschen. Diesen Beinamen hat sich die Burg vor mehr als 200 Jahren erworben – dank Studenten von 13 deutschen Universitäten sowie gegen viele Widerstände.

Eisenach, am 18. Oktober 1817. Aus allen Himmelsrichtungen treffen Studenten in der Stadt ein. Ihr Ziel ist die Wartburg. Zeitgenössische Grafiken halten ihre Wanderung bis heute im Bild fest. Wir sehen eine nicht enden wollende Schlange junger Männer, die sich den Berg emporwindet. Die Studenten tragen schwarz-rot-goldene Fahnen und Schärpen, sie jubeln und winken mit ihren Hüten.

Wie viele sind es? Die Teilnehmerliste weist 365 Namen aus. Die meisten sind Studenten, auch einige Professoren finden sich ein. Vermutlich hat es rund 100 weitere Teilnehmer gegeben. Sie stammen von 13 deutschen Universitäten. Die Studenten sind einem Aufruf der Jenaer Urburschenschaft gefolgt. Anlässlich des 300. Jahrestags von Luthers Thesenanschlags wollen sie ein Nationalfest feiern.

Von Weimar aus verfolgt Goethe die Vorgänge. Er hält in seinen „Tag- und Jahresheften" fest: „Das Reformationsjubiläum verschwand vor diesen frischen jüngeren Bemühungen. Vor dreihundert Jahren hatten tüchtige Männer Großes unternommen; nun schienen ihre Großtaten veraltet, und man möchte sich ganz anderes von den neuesten öffentlich-geheimen Bestrebungen erwarten."

Das Fest steht unter dem Motto „Ehre, Freiheit, Vaterland". Die Studenten fordern, die Kleinstaaterei zu beenden und einen Nationalstaat zu gründen. Die Art und Weise, in der sie ihre politischen Ziele öffentlich bekunden, ist bis dahin beispiellos in der deutschen Geschichte.

Erst 1832, mit dem Fest auf dem Hambacher Schloss (Rheinland-Pfalz), sollte es wieder zu einer vergleichbaren öffentlichen Manifestation kommen. Weitere 16 Jahre später brach die deutsche Revolution aus.

Auf der der Wartburg gegenüberliegenden Göpelskuppe thront seit 1902 das Burschenschaftsdenkmal. Das im Inneren wie eine Walhalla gestaltete Denkmal erzählt nicht nur vom Wartburgtreffen 1817, sondern auch von germanischen Göttern, von Kaiser Wilhelm I. und von Bismarck. Wem dies zu viel an Huldigung ist: Das Denkmal ist zugleich ein Aussichtsturm. Er gestattet einen faszinierenden Blick auf die Wartburg. Foto: Dirk Bernkopf

Wartburg für Klugscheißer

Ein Attentäter auf der Wartburg

Als 1819 ein Burschenschafter aus Jena in Mannheim den Dolch zückte, ging nicht nur ein Aufschrei des Entsetzens durch Deutschland. Viele bejubelten die Ermordung des vermeintlichen Vaterlandsverräters August von Kotzebue. Sein Mörder hatte unmittelbar vor der Tat die Wartburg besucht. Das Stammbuch der Burg erzählt bis heute davon.

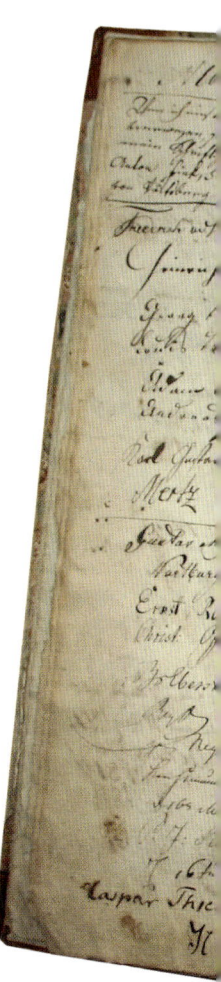

August von Kotzebue war so etwas wie der Pop-Star der Klassik. Seine Stücke wurden an deutschen Theatern weit häufiger gegeben als die anderer Autoren. Selbst im Großherzogtum Sachsen-Weimar und Eisenach, wo Goethe und Schiller jahrzehntelang wirkten, dominierte Kotzebue die Spielpläne. Doch ebenjener Dichter schrieb nicht nur populäre Theaterstücke. Er verfasste auch Aufsätze, in denen er die Ideale der Burschenschaften geißelte. Mit Vorliebe überzog er die Vordenker der Studenten, darunter auch Turnvater Jahn, mit Spott. Alsbald wurde August von Kotzebue zum Intimfeind der Burschenschafter. Das zeigt sich auch im Tagebuch des Jenaer Studenten Carl Ludwig Sand. Am Silvestertag 1818 hatte er eine eindeutige Drohung notiert. „Soll es etwas werden mit unserm Streben ... so muß der Schlechte, der Verräther und Verführer der Jugend, A.v.K. nieder – dieß habe ich erkannt."
Sah sich der Burschenschafter selbst als Märtyrer? Der Tagebucheintrag deutet darauf hin. Sand sprach davon,

Blick ins Stammbuch der Wartburg. Links oben, im Bereich des Tintenflecks, befinden sich die den Attentäter betreffenden Einträge.
Foto: Mirko Krüger

Wartburg für Klugscheißer

dass das Weihnachtsfest „der letzte Christtag wird gewesen sein, den ich eben gefeiert habe." Er ging davon aus, in einem Jahr nicht mehr am Leben zu sein.
Am 9. März 1819 brach Sand in Jena auf. Sein Ziel war Mannheim, der Wohnort des Kotzebue. Auf der Wartburg legte der Student einen Zwischenhalt ein. Schöpfte er hier, an diesem Symbolort der Burschenschaften, Kraft für sein mörderisches Vorhaben?
Fest steht: Das legendäre Wartburgfest von 1817 hatte in Sands Laufbahn eine zentrale Rolle gespielt. Immerhin hatten ihn seine Kommilitonen ins Festkomitee gewählt. Kaum war das Treffen vorbei, reiste der gebürtige Oberfranke an die Universität Jena, um seine Studienjahre zu vollenden.
Nun, im März 1819, kehrte er nicht allein auf die Wartburg zurück. Das Stammbuch der Burg legt bis heute Zeugnis von wenigstens einem Begleiter ab. In diesem Gästebuch steht unter dem 11. März: „An diesem Tag war ich in Gesellschaft des guten Sands hier." Unterzeichnet wurde mit einem Kürzel. „A.S." Zwei Zeilen darunter heißt es: „Heil Dir Sand! Bruder eines edlen, jetzt unterdrückten Bunds." Da, wo normalerweise eine Unterschrift stehen würde, findet sich nur ein Tintenklecks.
Hat hier jemand im Nachhinein seine Identität verschleiert?
Der Attentäter selbst hat sich nicht im Stammbuch verewigt. „Sands Handschrift fehlt!!!", notiert ein späterer Besucher – vermutlich als Reaktion auf damalige, anderslautende Gerüchte. Denen zufolge habe der Student die Mordpläne mit einem Zitat seines Lieblingsdichters Theodor Körner im Wartbug-Stammbuch angekündigt: „Drück Dir den Speer ins fromme Herz hinein." Das Stammbuch belegt anderes. Die fraglichen Seiten sind zwar vergilbt, stockfleckig und teils eingerissen. Doch nachträglich wurden weder Einträge ausradiert noch Seiten entfernt. So deutet der Vermerk, dass die Handschrift fehle, wohl vor allem auf eines hin: auf einen enttäuschten Sand-Verehrer.
Am 23. März 1819 tötete Carl Ludwig Sand den verhassten Dichter. Während der Student in der Haft auf seinen Prozess wartete, begann bereits seine Verklärung zum politischen Helden. Patriotische Lobeshymnen erschienen. Alsbald wuchs an den Höfen die bereits seit dem Wartburgfest von 1817 grassierende Revolutionsangst. Doch die Herrschenden wussten sich zu schützen. Österreichs Staatskanzler Metternich nahm Kotzebues Ermordung zum Anlass, die Karlsbader Beschlüsse zu initiieren. Fortan waren die Burschenschaften verboten, ein „Preßgesetz" führte eine verschärfte Zensur ein.
Nach Sands Hinrichtung am 20. Mai 1820 wurde sein Grab in Mannheim zur Pilgerstätte. Auf der Wartburg erinnert nur noch das Stammbuch an ihn.

Heine und die Teutomanen

1823 veröffentlichte Heinrich Heine seinen berühmten Satz „Dort wo man Bücher verbrennt, verbrennt man auch am Ende Menschen." Der Gedanke ist weitverbreitet, dass der Dichter damit auf die Bücherverbrennung nach dem Wartburgfest von 1817 anspielen wollte.

Kaum war das Wartburgfest am 18. Oktober 1817 beendet, trafen sich am Abend zahlreiche Teilnehmer auf einem der Burg gegenüberliegenden Berg. Zum Gedenken an die Völkerschlacht bei Leipzig, die genau vier Jahren zurücklag, wollten sie Siegesfeuer entzünden. Doch schon bald loderten nicht nur Holzscheite, sondern auch Bücher. Auf theatralische Weise spießten Studenten allerlei Schriften verhasster Autoren mit einer Heugabel auf und warfen sie unter freudigen Gesängen in die Flammen.

Sechs Jahre später wurde Heinrich Heines „Almansor" uraufgeführt. Die Tragödie erzählt von der Liebe zwischen einer Christin und einem Muslim im Spanien des 15. Jahrhunderts. Vor dem Hintergrund einer Koran-Verbrennung lässt Heine einen seiner Protagonisten sagen: „Dort wo man Bücher verbrennt, verbrennt man auch am Ende Menschen."

Hatte Heine also doch nicht die Wartburg-Ereignisse gemeint? Zumindest im engeren Sinne wohl nicht. Trotzdem waren ihm die Ereignisse vom 18. Oktober 1817 suspekt. Das jedenfalls offenbarte sich der Öffentlichkeit spätestens 1840, als Heine das Wartburgfest von 1817 mit dem Hambacher Fest von 1832 so verglich: „Hier aber auf der Wartburg, krächzte die Vergangenheit ihren obscuren Rabengesang, und bei Fackellicht wurden Dummheiten gesagt und gethan, die des blödsinnigsten Mittelalters würdig waren!" Der Dichter schrieb, auf der Wartburg „herrschte jener beschränkte Teutomanismus, … der in seiner Unwissenheit nichts Besseres zu erfinden wußte als Bücher zu verbrennen!"

Wartburg für Klugscheißer

Das pure Mittelalter

Der erste der beiden Höfe der Wartburg wirkt dank seiner Fachwerkbauten besonders romantisch. Vor allem ein hölzerner Erker an der Vogtei sticht ins Auge. Hier, so scheint es, ist die mehrfach überbaute Wartburg noch unverfälscht wie eh und je …

Original oder Kopie? Diese Frage stellt sich im Burghof nicht erst seit den frühen 1950er Jahren. Damals wurde der spätgotische Erker durch einen originalgetreuen Nachbau ersetzt. Zu sehr hatte der Zahn der Zeit dem hölzernen Anbau zugesetzt. Doch mit dieser Erklärung ist die Frage nach Original oder Kopie längst nicht beantwortet.

Eigentlich stammt der Erker aus Nürnberg. Hier hatte er sich während vier Jahrhunderten an einem prächtigen Bürgerhaus befunden. Die Nürnberger sprechen selbst nicht von Erkern, sondern von Chörlein. Einst befanden sich in ihnen kleine Andachtsräume. Später sollen diese Erker auch dafür beliebt gewesen sein, dass man von ihnen aus gut das Geschehen auf der Straße beobachten konnte.

Als 1872 ein solches Nürnberger Haus nebst Chörlein abgerissen werden sollte, erfuhr Großherzogin Sophie von Sachsen-Weimar und Eisenach davon. Sie erwarb den Erker und ließ ihn auf die Wartburg versetzen.

Der Nürnberger Erker „klebt" an der Vogtei.
Foto: Mirko Krüger

Wartburg für Klugscheißer

Die Wiedergeburt der Wartburg

Rund 800 Jahre nach ihrer Gründung wurde die Wartburg umfassend erneuert. Mehrere Gebäude entstanden neu, darunter der Bergfried. Diesem Umbau in der Mitte des 19. Jahrhunderts verdankt die Burg ihr heutiges Erscheinungsbild.

Warum versteckte sich Luther ausgerechnet auf der Wartburg? Es gibt einige Antworten darauf. Eine geht sinngemäß so: Zu Beginn des 16. Jahrhunderts hatte die Residenz der Thüringer Landgrafen ihre Bedeutsamkeit weitgehend verloren. Sie war zu einem recht stillen, beinahe unbeachteten Ort geworden.

Hier, so hofften Luthers Schutzherren, würde kein kaiserlicher Häscher den Unterschlupf des damals meistgesuchten Mannes Deutschlands vermuten ... Tatsächlich wurden ausgangs des Mittelalters einige Thüringer Burgen aufgegeben. Sie hatten zusehends ihre militärische Bedeutung verloren. Der Trend verschärfte sich nach dem 30-jährigen Krieg (1618/48). Nicht minder waren Burgen ihren Besitzern als dauerhafter Wohnsitz schlichtweg zu unmodern. Mittlerweile stand ihnen der Sinn nach prächtigen Renaissance-Schlössern bzw. später nach barocken Bauten. Kurzum: Etliche Burgen wurden umgebaut. Einige der alten Gemäuer wurden sogar geschleift, um Baumaterial zu gewinnen.

Gut möglich, dass die Wartburg gerade Luthers Aufenthalt ihre fortwährende Existenz verdankt. Sie zog schon im 16. Jahrhundert die ersten Luther-Verehrer an. Schon bald begannen sie nach jenem Fleck an der Wand zu suchen, den der Reformator beim Wurf eines Tintenfasses nach dem Teufel angeblich erzeugt hatte. Auch vor dem Hintergrund der vielen Pilger leisteten es sich die Eisenacher bzw. Weimarer Herzöge, die Burg immer mal wieder zu ertüchtigen. So konnte ihrem Niedergang zumindest halbwegs begegnet werden.

Spätestens im Jahr 1756 muss die Idee entstanden sein, die Wartburg als Erinnerungsort zu bewahren. In einer Bauakte spricht der damalige Herzog von einem „Denkmahl des Alterthums", welches zu erhalten sei. Zur Wahrheit gehört jedoch auch, dass gerade ausgangs des 18. Jahrhunderts baufällige Teile abgerissen wurden, darunter der mittelalterliche Bergfried.

Foto: Sascha Fromm

Wartburg für Klugscheißer

In diese Zeit fällt Goethes erster Besuch der Wartburg (1777) und schließlich 1815 das vielleicht bekannteste Wartburg-Zitat des Dichterfürsten. „Die Wartburg wird künftig noch manchen Pilger mehr zählen." So prophetisch dieser Satz auch klingen mag, wird er doch erst im Kontext wirklich verständlich.
Goethe hatte Christian Gottlob Voigt, der wie er Geheimrat in Sachsen-Weimar und Eisenach war, von sakralen Kunstschätzen in Blankenhain berichtet. Die Stadt war erst kurz zuvor an das Großherzogtum gefallen. Nun, so schlug Goethe vor, sollte man Blankenhains „alte Schnitzwerke, Heiligenbilder und andere kirchliche Gegenstände" nach Eisenach bringen. „Diese Gegenstände wären um desto erwünschter, als man sie zu Ausziehrung der Capelle auf der Wartburg brauchen und jenem Ritterschloß abermals eine analoge Zierde geben könnte." Mit anderen Worten: Goethe lag offenbar viel an einer musealen Ausgestaltung der Burg.
Damit entsprach er zumindest dem ersten Augenschein nach dem Zeitgeist. Das beginnende 19. Jahrhundert war in Deutschland geprägt von einer wachsenden Begeisterung fürs Mittelalter. Viele Bürger blickten in jenen Jahren nach Köln. Vorangetrieben vom Kunstsammler Sulpiz Boisserée sollte hier endlich der Dom vollendet werden – als Nationaldenkmal. Natürlich lag in Thüringen der Gedanke nahe, dass es erst recht die Wartburg verdient habe, als ein solches Denkmal wiedergeboren zu werden.
Zugleich stand dieses romantische Streben völlig konträr zu Goethes Verehrung der Antike. Jahrzehntelang hatte der Dichter versucht, die bildenden Künste auf die klassischen Ideale einzuschwören. Doch das Gros der Künstler verweigerte sich immer mehr seinen Impulsen.
Goethe und Boisserée trafen sich in jenen Jahren mehrfach. Sie debattierten, sie schrieben sich, sie gaben gemeinsam eine Zeitschrift heraus. Und dennoch ließ sich der Dichter nicht wirklich überzeugen. Er maß der mittelalterlichen Kunst allein musealen Wert bei, nicht aber die Kraft, Deutschland erneuern zu können. „Der Schaum der Überschätzung, der jetzt schon dem Kenner und Liebhaber widerlich ist, wird sich nach und nach verlieren", heißt es in einem seiner Aufsätze. Seinen Sekretär Eckermann ließ er gar unter ausdrücklichem Verweis auf den Sängerkrieg auf der Wartburg wissen: „Es ist in der altdeutschen düstern Zeit ebenso wenig für uns zu holen, als wir aus den serbischen Liedern und ähnlichen barbarischen Volkspoesien gewonnen haben. Man liest es und interessiert sich wohl eine Zeit lang dafür, aber bloß um es abzutun und sodann hinter sich liegen zu lassen."

Tatsächlich begann die Wiedergeburt der teils ruinösen Wartburg erst nach Goethes Tod (1832). Maßgeblich vorangetrieben wurde sie von Erbgroßherzog Carl Alexander. In seinen Lebenserinnerungen berichtete er Jahrzehnte später davon, dass ihm seine Mutter, die Großherzogin Maria Pawlowna, die Restaurierung der Burg angedient habe. Seine Idee sei, so hielt er fest, „nach und nach die Wartburg zu einem Museum unseres Hauses, unseres Landes, ja von ganz Deutschland zu gestalten." Letztlich wurde für ihn eine Lebensaufgabe daraus. Carl Alexander starb 1901. Wenige Wochen zuvor waren die letzten Fotos mit ihm auf der Wartburg entstanden. Sie zeigen den Großherzog am Schreibtisch in seinem privaten Salon.

Zunächst war es der Maler Carl Alexander Simon, der anno 1839 erste konkrete Entwürfe vorgelegt hatte. Ihm galt lediglich der romanische Palas als erhaltenswert. „Welchen Vorteil kann es gewähren, die Schutz-, Wasch- und Badehäuser der Wartburg wiederzusehen?", fragte er rhetorisch. „Der Anblick solcher Bedürfnisse, welche Helden mit niedrigsten Kreaturen gemein haben, zieht die Helden zu niedrigen Kreaturen herab und raubt ihnen Bewunderung." Stattdessen wollte Simon einen Tempel errichten, der an große Deutsche erinnert. Eine Walhalla also.

Zwischenzeitlich entwarf der Eisenacher Baurat Johann Wilhelm Sältzer einen hochaufragenden, schlanken Lutherturm. Dann, 1845, beauftragte der Weimarer Erbgroßherzog Carl Alexander einen preußischen Architekten, ein Konzept zur Wiederherstellung zu erstellen. Ferdinand von Quast setzte auf eine bombastisch anmutende Neugestaltung. Der Palas wird in seinen Skizzen von einem Neubau um immerhin zwei Geschosse überragt. Dazu gesellte sich ein mächtiger neuer Bergfried. Schließlich legte 1847/48 Hugo von Ritgen jene Studie vor, die zur Grundlage der Restaurierung der Burg werden sollte. Der Gießener Architekt setzte darauf, das Vorhandene zu erhalten sowie das Verfallene in seiner einstigen Gestalt neu erstehen zu lassen: „Trauernd würde Deutschland zusehen, würde die alte glorreiche Burg, gleich so mancher andern ehemaligen Feste in das romantische Lustschloss, die reizende Villa selbst des edelsten Fürsten umgewandelt, denn damit wäre sie ausgestrichen aus der Zahl der ehrwürdigen Monumente deutscher Heldenzeit."

1853 begann der Wiederaufbau durch Hugo von Ritgen. Binnen weniger Jahre gewann die Burg jene Gestalt, die wir heute kennen. Die künstlerische Ausgestaltung der Innenräume zog sich bis ins frühe 20. Jahrhundert.

Wartburg für Klugscheißer

Die ältesten Fotos der Wartburg

Vor allem bei Kindern sind Bilderrätsel beliebt. Sie schauen auf zwei vermeintlich identische Fotos und sollen die tatsächlich vorhandenen, kleinen Unterschiede entdecken. Wer die ältesten bekannten Fotografien der Wartburg betrachtet, könnte sich alsbald an ein solches Rätselspiel erinnert fühlen. Diese Aufnahmen zeigen uns zwar eindeutig die Wartburg. Doch irgendetwas scheint dann doch nicht zu stimmen.

Das älteste Foto entstand im Jahre 1855. Es zeigt uns den zweiten Burghof als Baustelle. Eine Rampe lehnt sich an den Palas an. Im Hof türmen sich Steine. Da, wo heutzutage der Bergfried steht, gähnt eine Baulücke. Aber immerhin: Der Südturm steht unverrückt wie eh und je.

Dieses und weitere Fotos jener Jahre führen einen populären Irrtum vor Augen, dem Wartburg-Besucher häufig erliegen. Viele meinen, die Burg sieht aus, wie sie schon immer aussah. Zweifelsohne stammt der Palas aus dem 12. Jahrhundert. Doch die heutige Gestalt der weltberühmten Burg geht vor allem auf ihren großen Wiederaufbau in der Mitte des 19. Jahrhunderts zurück. Mehrere Gebäude entstanden komplett neu. Es ist wohl so etwas wie ein Glücksumstand, dass zu jener Zeit die Fotografie einen enormen Entwicklungsschub erfuhr und dass es Lichtbild-Künstler oft auf die Wartburg zog. Ihre Aufnahmen zeigen die Burg, wie sie war und nicht mehr ist – und wie sie ihre heutige Gestalt gewann.

Das erste Wartburg-Foto ist zugleich ein Dokument, das die Kulturgeschichte der Fotografie illustriert. Es entstand zu einer Zeit, als man noch „Photographie" schrieb und es oftmals Stunden dauerte, eine Filmplatte zu belichten. Wer genauer hinschaut, könnte meinen, eine Zeichnung statt eines Fotos zu betrachten. Der Eindruck ist nicht falsch. Das eigentliche Foto hat man seinerzeit stark retuschiert. Experten sprechen vom Lavieren: Mit einem Pinsel wurden zarte Braun- und Weißtöne auf das Foto aufgetragen.

Heutzutage lassen sich Fotos binnen Momenten am Computer bearbeiten. Damals saßen Künstler mitunter tagelang an einer Photographie. „Dadurch wurde jedes dieser frühen Bilder zu einem Unikat", sagt Grit Jacobs, die wissenschaftliche Leiterin der Wartburg-Stiftung. Die Faszination, die von dem neuen Medium aus-

Die älteste bekannte Fotografie der Wartburg entstand 1855. Wir blicken in den Burghof, der eine Großbaustelle war.
Foto: Wartburg-Stiftung, Fotothek

Wartburg für Klugscheißer

Gruppenbild mit Großherzog Carl Alexander und Kaiser Wilhelm II. vor dem Palas der Wartburg. Das Foto ist nicht datiert, dürfte aber um 1890 entstanden sein. Der Kaiser weilte häufig auf der Burg seiner Verwandten. Im Hintergrund ist die 1856 fertiggestellte Treppe zum Hauptportal des Palas zu sehen. Sie wurde in den 1950er Jahren wieder zurückgebaut. Foto: Wartburg-Stiftung, Fotothek

ging, war im 19. Jahrhundert auf jeden Fall enorm. „Die Photographie gehört zu den wenigen Erfindungen der Menschen, die dem Schaffen des Schöpfers nahekommen", jubilierte 1858 der Wartburgkommandant Bernhard von Arnswald. Einige Jahre später erlebte das Retuschieren einen neuen Höhepunkt. Eigens für die Produktion eines monumentalen Bildbandes namens „Wartburg-Werk" griffen ausgangs des 19. Jahrhunderts vier Maler zum Pinsel. Als Vorlage dienten ihnen rund 700 vorzügliche Aufnahmen einer Messbildstelle. Doch

Der markante Bergfried mit dem goldenen Kreuz wurde erst in der Mitte des 19. Jahrhunderts errichtet. Das Foto entstand 1857.
Foto: Wartburg-Stiftung, Fotothek

Im Jahre 1899 posierte die Wache der Wartburg nebst Burgvogt Richard Barthel für einen unbekannten Fotografen auf der Schanze. Wer genau hinschaut, kann zwischen den zur Pyramide aufgestellten Gewehren den Hund des Oberburghauptmanns Cranach entdecken, den Pudel Mohr.
Foto: Wartburg-Stiftung, Fotothek

der Nachteil all dieser Fotos bestand schlicht und ergreifend darin, dass sie wirklich jedes Detail zeigten, also auch Regenrinnen und Blitzableiter, Bäume und Efeu, Tische und Bänke. Die Aufgabe der Maler war eindeutig. Sie sollten all diese störenden Elemente wegpinseln und so das Abbild einer idealen Burg erschaffen. Letztlich arbeiteten sie in einem solchen Maße perfekt, dass es oft nur der Vergleich mit den Originalaufnahmen erlaubt, die Retuschen als solche zu erkennen.

Wartburg für Klugscheißer

Aha

Das Tastmodell steht vor dem Palas. Foto: Mirko Krüger

Die Wartburg zum Begreifen

Mit einem einzigen Blick die ganze Burg erfassen, das kann man in deren zweitem Hof. Hier steht ein metallenes Modell der Anlage. Es lädt ausdrücklich dazu ein, die Wartburg zu begreifen.

Wer mag, kann das Ritterbad und die Vogtei mit Händen ertasten, die Wehrmauern und den Bergfried, den Palas und den Kommandantengarten. Alle wesentlichen Bauteile sind mit Blindenschrift versehen.
Darüber hinaus gibt es recht wenige Möglichkeiten für ein barrierefreies Erleben der Burg. Geschuldet ist dies der historischen Bausubstanz. Wer an einer Führung durch das Innere teilnehmen möchte, muss teils steile Treppen steigen, durch enge Gänge sowie über unebene Fußböden laufen. Menschen, die nur eingeschränkt mobil sind, ist eine solche Tour nur in Begleitung eines Helfers zu empfehlen.

Was ist was?

Palas klingt wie Palast; und genau so ist es auch um den Palas der Wartburg bestellt. Hier wohnten dereinst die Landgrafen. Was aber hat es mit Dirnitz und Gadem auf sich? Was verbirgt sich hinter diesen und anderen Gebäudebezeichnungen?

Die Wartburg gilt zu Recht als Sinnbild einer mittelalterlichen Burg. Doch dass die Burg aussieht, wie sie heute aussieht, hat nur noch zum Teil mit mittelalterlichen Gebäuden zu tun. Das Antlitz der Burg wird maßgeblich durch den im 19. Jahrhundert erfolgten Wiederaufbau geprägt.

Palas
Das Hauptgebäude der Wartburg ist zugleich deren ältestes erhaltenes Bauwerk. Der dreigeschossige Palas entstand im 12. Jahrhundert als Wohn- und Repräsentationsgebäude der Landgrafen. Im oberen Geschoss befindet sich der Festsaal der Burg; man spricht architekturhistorisch deshalb auch von einem Saalbau. Der Baustil ist unverkennbar romanisch.
Die Räume des Palas können während einer Führung erlebt werden, insbesondere der Rittersaal und das Speisezimmer, die Elisabeth-Kemenate und der Sängersaal sowie die Kapelle. Die Räume sind teils mit authentischer, teils mit nach alten Vorbildern angefertigter Bauplastik ausgestattet. Die Elisabeth-Kemenate wurde ab 1902 mit einem den ganzen Raum ausfüllenden Mosaik im neobyzantinischen Stil ausgeschmückt.
Der Umbau des Festsaals zu einem Konzertsaal erfolgte im 19. Jahrhundert auf Grundlage von Vorschlägen des Komponisten Franz Liszt.

Bergfried
Der Hauptturm einer Burg wird meist Bergfried genannt. Er hat immer auch repräsentative Funktion und gilt als markantes Erkennungszeichen. Der Bergfried der Wartburg wurde 1853/59 errichtet. Von seinem Vorgänger waren zu diesem Zeitpunkt nur noch die Fundamente erhalten.

Wartburg für Klugscheißer

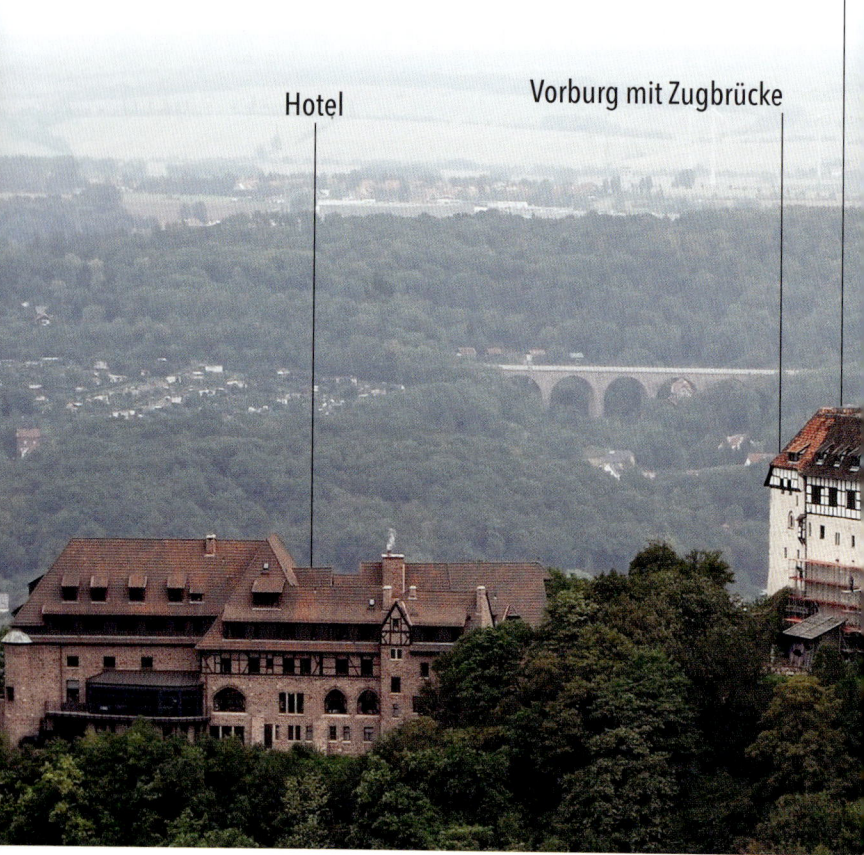

Vogtei mit Lutherstube

Vorburg mit Zugbrücke

Hotel

Südturm
Der zweite vorhandene Turm wird einfach nur Südturm genannt. Er stammt aus der Entstehungszeit der Wartburg. In ihm befindet sich das Verlies.

Dirnitz
Im klassischen Sinne bezeichnet der Begriff eine große, beheizbare Stube bzw. einen Speisesaal. Die Dirnitz der Wartburg entstand 1867. Gemeinsam mit der Torhalle trennt die Dirnitz den Vorhof vom Haupthof. Beide Gebäudeteile gehören zum heutigen Burgmuseum.

Foto: Alexander Volkmann

Gadem
Dem Wortsinne nach sprechen wir von einem schlichten Anwesen, eigentlich sogar nur von einem überdachten Raum. Der heutige Gadem der Wartburg wurde in den 1870er Jahren neu gebaut. Das Fachwerkgebäude beherbergt eine Gastwirtschaft.

Vogtei
Der erste Burghof wird von Fachwerkbauten aus dem 15. Jahrhundert geprägt. Dominanter Bau ist die Vogtei; sie ist der traditionelle Sitz des Burgverwalters, des Vogts. In der Vogtei befindet sich das einstige Kavaliersgefängnis, inzwischen weltweit bekannt als Lutherstube.

Wartburg für Klugscheißer

Aha

Eine kleine Weltreise

Wie weit ist es von der Wartburg bis zur Chinesischen Mauer? Wie lange dauert es, um von Eisenach aus die Cheops-Pyramide zu erreichen? Und wie viele Schritte sind es bis zum Taj Mahal?

Keine Bange, wir begeben uns nicht wirklich auf eine Weltumrundung. Wir reisen lediglich nach Chicago. Hier steht seit 1925 der 141 Meter hohe Tribune Tower. An der Fassade des Wolkenkratzers lässt sich eine verblüffende Antwort auf unsere Fragen finden. Ins Mauerwerk wurden Steine weltberühmter Bauten eingelassen. Sie ragen jeweils etwas aus der Fassade hinaus, so dass wir sie gut erkennen können. Namensschilder gibt es natürlich auch. Unterhalb des Wartburg-Steins lesen wir den feinsäuberlich gemeißelten Schriftzug: „Luther's Wartburg Eisenach Germany".

Von hier sind es tatsächlich nur ein paar Schritte bis zum Taj Mahal und zur Cheops-Pyramide. Nur zum Mond sind wir etwas länger zu Fuß unterwegs. Das Mondgestein befindet sich als einziger all der Gast-Steine im Inneren des Wolkenkratzers.

Die Wartburg, die Wartburgs

Sie sind, so verkündet es eine Annonce im Jahre 1903, nicht nur elegant, sondern auch betriebssicher. Und weil dem so sei, gewinnen Wartburg-Motorwagen logischerweise viele erste Preise. Ein reichliches Jahrhundert später weckt die gute alte Reklame mehr als nur Erinnerungen. Am Fuße der Wartburg sind immer wieder Wartburgs unterwegs.

Mal sind es Oldtimer-Fahrten, die stattfinden. Mal startet die motorsportlich sehr ambitionierte „Rallye Wartburg". Und während all jener Zeiten, in denen die Motoren schweigen, bleibt immer noch der Gang ins Museum. Die „Automobile Welt Eisenach" entführt uns in die guten alten Zeiten des Fahrzeugbaus.
1898 entstand der erste Motorwagen vom Typ „Wartburg" in Eisenach. Es handelte sich um den Nachbau eines französischen Decauville mit 3,5 PS. Die ersten Motorwagen ähneln eher einer Droschke denn einem Automobil. Doch ließe man diese Autos auf die Straße, würden sie noch immer für manch Überholmanöver gut sein. Die 1901 gebauten Benzinkutschen schafften, nur mal so zum Beispiel, bereits mehr als Tempo 80. Innerorts gäbe es dafür zwei Punkte in Flensburg, eine Geldstrafe und ein Fahrverbot.
Bereits 1904 löste Dixi die Wartburg als Markengeberin für Eisenacher Automobile ab. Dann aber, zwischen 1955 und 1991, entsann man sich wieder des ursprünglichen Namens. Über 1,6 Millionen Wartburgs entstanden, ehe das traditionsreiche Werk in der Folge der deutsch-deutschen Einheit für immer schließen musste.

Die Wartburg zierte als Markenzeichen die Motorhaube der ab 1955 gebauten Modellreihe „311".
Foto: Mirko Krüger

Wartburg für Klugscheißer

Ein Wartburg vom „Typ 2" gehört zur
Sammlung des Museums „Automobile Welt Eisenach".
Foto: Alexander Volkmann

Im Zeichen der Burg. Diese Reklame erschien 1903 in der Zeitung „Automobil-Welt".

Wartburg für Klugscheißer

Die Wartburg für 5000 Mark

Briefmarken mit Motiven der Wartburg gibt es seit rund 100 Jahren. Sie erschienen im Deutschen Reich ebenso wie in der DDR und der BRD sowie im wiedervereinten Deutschland. Die Marken erzählen immer auch vom jeweiligen Zeitgeschehen und Zeitgeist.

Im Mai 1923 gab die Deutsche Reichspost eine Wartburg-Marke im Nominalwert von 5000 Mark heraus. Dieser Wert erklärt sich nicht durch die Exklusivität des Motivs, sondern einzig und allein durch die Inflation. Binnen weniger Monate stieg das Porto noch weiter an. Plötzlich kosteten normale Briefmarken 100.000 Mark, schließlich eine Million und dann, im November 1923, sogar 10 Milliarden Mark.

Der Sammlerwert all dieser Briefmarken ist heutzutage überschaubar. So weist der als Standardwerk geltende Michel-Katalog für die 5000-Mark-Marke der Wartburg nur noch einen Höchstpreis von 7,50 Euro aus – sofern sie sich im Bestzustand befindet und noch immer auf einem komplett erhaltenen Briefumschlag klebt.

1932 erlebte diese Marke ihre Wiederauflage. Die Reichspost übernahm das zuvor schon genutzte Motiv der Burg, nun aber zu einem Ausgabepreis von 4 plus 2 Pfennigen. Der geforderte Zuschlag kam der Deutschen Nothilfe zugute. 1953 erinnerte die Deutsche Post der DDR mit einer Sondermarke an das Wart-

burgfest von 1817. Die Marke hat einen Ausgabewert von 35 Pfennigen. Dieser Betrag entsprach dem Porto für Briefsendungen nach Westdeutschland. Die Gestaltung der Briefmarke lässt wenig Zweifel daran aufkommen, dass mit ihr eine politische Botschaft transportiert werden sollte. Immerhin trägt die Marke den Schriftzug „Deutsche Patrioten. 1817. Studenten im Kampf um nationale Einheit". Dass die Bundesrepublik 1954 den 17. Juni als gesetzlichen Feiertag einführte, als „Tag der deutschen Einheit", hat allerdings weder mit dem Geschehen auf der Wartburg noch mit Briefmarken etwas zu tun.

1961 gab die Post der DDR eine 10-Pfennig-Marke mit der Wartburg heraus. 10 Pfennige waren das übliche Porto für Ansichtskarten. Dank der enormen Auflage von immerhin 99 Millionen flatterte die Wartburg in sehr viele Briefkästen. 1966 folgte ein Satz mit 3 Sonderbriefmarken. Anlass war das bevorstehende 900. Gründungsjubiläum der Wartburg. Die Marken zu 10 + 5, zu 20 und zu 25 Pfennigen wurden aufwändig gestaltet. Sie zeigen nicht nur die bekannte Außenansicht der Burg, sondern auch die gotische Vogtei und den romanischen Palas.

Anlässlich des 450. Jahrestags des Thesenanschlags durch Martin Luther erschien 1967 in der BRD eine Wartburg-Briefmarke. Ihre Grafik ist stark stilisiert. Zu sehen ist erneut die klassische Außenansicht, auch bekannt als Blick von Osten. Gemeint ist hier allein die Himmelsrichtung, nicht aber die Verortung in Ostdeutschland. Auch die DDR-Marke von 1990 sowie die gesamtdeutsche Briefmarke von 2001 setzen auf die altbewährte Ansicht. Beide Briefmarken erzählen zugleich deutsche Währungsgeschichte. Die DDR-Marke erschien nach der Einführung der D-Mark; sie hat einen Wert von 100 Pfennigen (1 DM). Die Marke von 2001 gibt den Frankaturwert sowohl in DM (400 Pfennige) als auch mit 2,05 Euro an.

2017 erschien ein Wartburg-Motiv innerhalb der Sondermarken-Serie „Burgen und Schlösser in Europa". Sie zeigt keine klassische Grafik mehr, sondern ein Foto. Wir blicken erneut von Osten auf die Burg der Deutschen.

Wartburg für Klugscheißer

Aha

Noch mehr Wartburgs

In den USA sowie in Südafrika gibt es zwei Städtchen und eine Hochschule, die nach der Thüringer Burg benannt worden sind – sowie ein Brauhaus.

Bisher hat es nur einen einzigen US-Präsidenten auf die Wartburg verschlagen. Als Bill Clinton 1998 die Stadt Eisenach besuchte, ließ er den Abend auf der Burg ausklingen. Zumindest was die Zahl der Präsidenten-Besuche angeht, ist das Wartburg-College der namensstiftenden Burg weit voraus. Es gehört offenbar zum Pflichtprogramm amerikanischer Staatschefs, der lutherischen Eliteschule ab und an die Aufwartung zu machen – egal, ob sie nun Barack Obama oder Donald Trump heißen. Die Hochschule war 1852 von einem Missionar gegründet sowie nach der Wartburg benannt worden. Das College befindet sich in Waverly (Iowa). In Denver (Colorado) besteht ein Ableger.
Im US-Bundesstaat Tennessee trägt sogar ein Städtchen den Namen der Thüringer Burg. Einwanderer aus Deutschland und der Schweiz gründeten Wartburg anno 1851. Hier leben rund 1000 Menschen, was in etwa der täglichen Besucherzahl der wahren Wartburg entspricht.
Ebenfalls von deutschen Einwanderern wurde im 19. Jahrhundert der Ort Wartburg in Südafrika gegründet. Auch die Schule, das örtliche Brauhaus sowie ein Hotel heißen nach der Burg. Das südafrikanische Wartburg liegt 881 Meter über dem Meeresspiegel, also mehr als doppelt so hoch wie die originale Burg.

Als sich ein Zeppelin verneigte

Was haben das Berliner Regierungsviertel, deutsche Kernkraftwerke sowie die Wartburg gemeinsam? Genau: Die Gebiete um sie herum sind offiziell als Flugbeschränkungsgebiet klassifiziert. Wer sie durchfliegen möchte, benötigt eine Sondergenehmigung des Bundesamts für Flugsicherung.

Das war nicht immer so. Zu Zeiten, da sich die Luftfahrt in Deutschland zu entwickeln begann, freuten sich Groß und Klein über jeden Überflug – nicht nur, aber auch auf der Wartburg. So wie am 6. September des Jahres 1911. An jenem Tag hatten sich Hunderte Schaulustige im Umfeld der Burg eingefunden, um einen auf Eisenach zusteuernden Zeppelin zu bewundern.

Auch Großherzog Wilhelm Ernst weilte auf der Burg. Ihm war der Andrang freilich viel zu groß; der Landesherr fühlte sich belästigt. So machte er gegen Mittag kurzen Prozess und ließ das Terrain räumen. Zu diesem Zeitpunkt befand sich das Luftschiff „LZ Schwaben" nur noch 15 Minuten entfernt. Seine Besatzung bekam von dem Eklat am Boden nicht das Mindeste mit.

So sahen sich die Eisenacher wenig später gleich doppelt düpiert, als Luftschiffkommandant Hugo Eckener ein Begrüßungsritual zelebrierte. Er stoppte den 132 Meter langen Zeppelin gegenüber der inzwischen fast menschenleeren Wartburg. Mittels geschickter Lastwechsel verneigte sich der Zeppelin vor dem Wahrzeichen der Thüringer. „Es war ein eigenartiges Gefühl", wusste eine Eisenacher Zeitung daraufhin zu kommentieren, „das sich aller Herzen bemächtigte."

Das Luftschiff „Schwaben" über Eisenach. Am Horizont ist die Wartburg zu erkennen.
Foto: Stadtarchiv Eisenach

Wartburg für Klugscheißer

Aha

Was bedeutet der Welterbe-Status?

Mehr als 1000 Welterbe-Stätten gibt es weltweit; Jahr um Jahr kommen weitere hinzu. Seit 1999 gehört die Wartburg offiziell zu diesem exklusiven Kreis.

Der Titel „Welterbe" wird von der Unesco verliehen, von der Organisation der Vereinten Nationen für Bildung, Wissenschaft und Kultur. Zuvor müssen Kandidaten ein exakt definiertes Bewerbungsverfahren durchlaufen; es dauert mehrere Jahre. Internationale Gutachter befinden unter anderem darüber, ob sich diese Stätten durch einen universellen Wert auszeichnen. Sie müssen die Geschichte der Menschheit und der Erde auf einzigartige Weise erlebbar machen.

Die Unesco hat 10 konkrete Kriterien festgelegt, von denen solche Stätten mindestens eines erfüllen müssen. Die Wartburg wird sogar zwei Kriterien gerecht. Sie hat zum einen als Entstehungsort von Luthers Übersetzung des Neuen Testaments eine welthistorische Bedeutung. Zum anderen stellt sie als Höhenburg ein im doppelten Wortsinne herausragendes Denkmal einer untergegangenen Kulturepoche dar, des Feudalismus in Mitteleuropa.

Bei der Einschreibung in die Welterbe-Liste geht es nicht allein um die Anerkennung des Werts einer Stätte. Zugleich sind damit hohe Erwartungen an deren Schutz sowie an die öffentlichkeitswirksame Vermittlung ihrer Bedeutung verbunden. Beide Erwartungen können durchaus konträr zueinander stehen. So ist möglich, dass sich der erhoffte Tourismus negativ auf den Erhalt einer Stätte auswirkt.

Das Beispiel des Dresdner Elbtals zeigt, dass der prestigeträchtige Titel durchaus in Gefahr sein kann. Wegen des Baus der die Landschaft zerschneidenden Waldschlösschenbrücke verlor das Elbtal seinen Welterbe-Status nach lediglich 5 Jahren. Auch im Falle der Wartburg war der Titel zwischenzeitlich gefährdet. Nur unweit entfernt sollte ein Windpark entstehen. Damit zeichnete sich eine extreme Veränderung d Landschaftsbildes ab, was wiederum historische Sichtachsen auf die und von der Höhenburg erheblich beeinträchtigt hätte.

In Thüringen gibt es drei weitere Welterbe-Stätten: die drei Bauhaus-Gebäude in Weimar, die 12 Gebäude und Parks des klassischen Weimars sowie den Buchenw des Nationalparks Hainich.

Kommt die Bergbahn?

Vor rund 120 Jahren schrieb man sich ganz besondere Ansichtskarten von der Wartburg. Sie zeigen eine Drahtseilbahn, die Touristen zwischen der Stadt und dem Bergfried transportiert. Die Idee einer Bergbahn befeuert bis in die Gegenwart die Phantasie von Architekten. Auch die Wartburg-Stiftung liebäugelte immer mal wieder damit.

Seit dem 16. Jahrhundert zieht es Pilger auf die Wartburg. Ein regelrechter Ansturm setzte nach der Wiederherstellung der Burg in der zweiten Hälfte des 19. Jahrhunderts ein. Zehntausende Besucher kamen jährlich. Damit stellte sich unweigerlich die Frage: Wie kann man all die Gäste am effektivsten auf den Berg transportieren? Wanderwege und eine Straße würden auf Dauer vermutlich nicht genügen. So reiften bereits 1881 erste Planungen für eine Zahnradbahn. Auch an anderen Touristenzielen stand man in jenen Jahren vor vergleichbaren Herausforderungen. Schon 1870 nahm eine Standseilbahn am Budapester Burgberg ihren Betrieb auf. 1892 wurde an der Salzburger Festung eine Standseilbahn gebaut. Im gleichen Jahr sollte auch die Roßtrappe im Harz mit einem Aufzug erschlossen werden; dieser Plan blieb indes unverwirklicht.
In Eisenach wurde zwar nicht gebaut, dafür aber munter geplant und geplant. Der Idee von der Zahnradbahn folgten Konzepte für eine Straßenbahn, für eine Rolltreppe und für eine Drahtseilbahn. Doch auch der öffentliche Protest ließ nicht auf sich warten. Kritiker befürchteten eine Entweihung der damals bereits

Wer die Wartburg erleben möchte, sollte gut zu Fuß sein.
Foto: Mirko Krüger

Wartburg für Klugscheißer

mehr als 800 Jahre alten Wartburg. „Diese Burg ist ein Juwel ohnegleichen in deutschen Landen, und ihren unsäglichen Zauber will man vernichten, der Faulheit und Bequemlichkeit einiger Pflastertreter zuliebe!", heißt es in einem Beitrag der Zeitung „Deutsche Worte" von 1894.

Zumindest am ersten Teil dieser Argumentation hat sich bis heute wenig geändert. Nun geht es allerdings nicht mehr vordergründig um faule Pflastertreter, sondern um Menschen, die in ihrer Mobilität eingeschränkt sind – und es geht um nichts Geringeres als den Welterbe-Status. Im Auftrag des Internationalen Rats für Denkmalpflege (Icomos) überprüfen Gutachter jährlich, wie es um die Einzigartigkeit jeder Welterbestätte steht. Damit gerät auch die Wartburg stets aufs Neue in den Fokus.

„Der Charakter der Höhenburg als solcher soll erhalten bleiben. Das ist ein wesentliches Alleinstellungsmerkmal der Wartburg. Sie wurde in dieser exponierten Lage erbaut, damit sie nicht einnehmbar ist", sagt mit Insa Christiane Hennen einer der zuständigen Gutachterinnen. Angesichts jüngster Pläne sahen die Icomos-Experten genau diese Unversehrtheit der Burg in Gefahr. Die Wartburg-Stiftung hatte ein Architekturbüro damit beauftragt, eine Bergbahn zu entwerfen. Sie sollte in Gestalt eines Schrägaufzugs vom Parkplatz aus zur Burg führen. Vor allem älteren bzw. behinderten Besuchern wollte die Stiftung den steilen, anstrengenden Fußweg ersparen.

Die Schienen wären weitgehend versteckt im Wald verlaufen, betonte die Stiftung. Letztlich war ihr aber dann doch das Risiko zu groß: Der Bau der Bergbahn hätte den Welterbe-Status gefährdet. Deshalb legte die Wartburg-Stiftung im Jahr 2018 die Vision von der Bergbahn endgültig auf Eis.

Den Besuchern dürfte der Auf- und Abstieg in naher Zukunft dennoch erleichtert werden. Nun soll es ein neues Wegekonzept richten. Die Besucher der Burg werden im Bereich des Parkplatzes in einem neu zu bauenden Kulturportal empfangen. Von hier aus führen Fußwege den Berg hinauf. Sie werden nicht mehr so steil sein wie bisher; zugleich sind zusätzliche Aussichtspunkte – und damit mehr Möglichkeiten zum Verschnaufen – vorgesehen.

Diese Perspektive überzeugt auch Gutachterin Hennen. Sie sagt: „Das Erlebnis der Wartburg ist bereits in der Annäherung gegeben. Es gibt nicht nur schöne Ausblicke von der Burg, sondern ebensolche reizvollen Blicke auf sie."

Wer partout nicht laufen möchte oder kann, darf am Parkplatz schon jetzt umsteigen. Kleinbusse fahren von hier bis zur Zugbrücke. Jedoch ist das Platzangebot recht überschaubar.

Von wegen Eselei

Die Wartburg ist zweifelsohne ein Ganzjahresziel. Dennoch gibt es gute Gründe, den Besuch in die Zeit zwischen Ostern und Oktober zu legen. Diese Gründe haben lange Ohren, ein graues Fell – und sie tragen Namen. Susi und Marita gehören dazu, Lotte und Julius, Peter und Lore, aber auch Conny und Bärbel sowie ein Max.

Vor allem für Familien mit Kindern ist der Ritt auf den Wartburg-Eseln ein Muss. Die Eselstation befindet sich gegenüber dem Wartburgparkplatz. Die Tiere trotten von hier aus im Sommerhalbjahr unermüdlich den steilen Weg zur Burg hinauf, immer und immer wieder. Allerdings besteht eine Einschränkung: Die Reiter sollten keinesfalls schwerer als 60 Kilogramm sein. Seit dem Jahr 1900 gibt es diese besondere Touristenattraktion. Bereits in den Jahrhunderten zuvor waren Esel an der Wartburg im Dauereinsatz. Sie transportierten Trinkwasser und Lebensmittel. Erst mit dem Bau einer Wasserleitung im 19. Jahrhundert entfiel diese Aufgabe zum Teil.

Auf der Burg erinnert das Eseltreiberstübchen an diese frühen Jahre. Für Besucher führt an ihr kein Weg vorbei. Wer das Allerheiligste der Wartburg sehen möchte, die Lutherstube, kommt nicht umhin, einem exakt vorgegebenen Rundgang zu folgen. Somit blicken Besucher, ob sie dies nun wollen oder nicht, immer auch in die Kammer der Eseltreiber.

Der Ritt auf einem Esel kostet 5 Euro (Stand von 2019). Foto: Peter Michaelis

Wartburg für Klugscheißer

Aha

Was? Wann? Wo?

Die Wartburg ist an jedem Tag des Jahres für Besucher geöffnet. Wie aber gelangen wir am besten hierher? Was bekommen wir fürs Geld?

Anreise
Sie ist zu Fuß und mit dem Rad ebenso möglich wie mit öffentlichen Verkehrsmitteln und dem eigenen Auto.

Zu Fuß und mit dem Rad
Die Wartburg ist dank ihrer Nähe zum Rennsteig in ein Netz von Wanderwegen eingebunden. Für den Tagesbesucher sind jene markierten Wege interessant, die aus dem Stadtgebiet heraus auf den Berg führen. Je nach Startpunkt ist man etwa 30 bis 60 Minuten unterwegs. Diese Wege sind zwar nicht lang, führen aber teils steil bergauf. Empfehlenswert ist der Lutherpfad; er beginnt am Eisenacher Marktplatz und erreicht nach 1,6 Kilometern die Wartburg.

Mit dem Auto
Die Straßen zur Wartburg sind aus allen Richtungen ausgeschildert. An der Auffahrt zur Burg befindet sich eine Anzeige, die über freie Parkplätze im direkten Umfeld der Burg informiert. Das Parkticket kostet 5 Euro.
Im Tal gibt es weitere ausgeschilderte Parkplätze. Pendelbusse bringen die Parkenden zur Burg. Wer lieber laufen möchte: Ein Fußweg ist ausgeschildert.

Öffentliche Verkehrsmittel
Am Busbahnhof, gleich neben dem Hauptbahnhof, startet die Linie 10 zur Wartburg. Abfahrt ist tagsüber zu jeder vollen Stunde. Einige Abfahrten sind auf das Sommerhalbjahr beschränkt. Die konkreten Fahrpläne sind auf mehreren Internet-Seiten abrufbar. Die Fahrtdauer beträgt 20 Minuten.

Öffnungszeiten

Von November bis März öffnet die Burg von 9 bis 17 Uhr. Die letzte Führung beginnt um 15.30 Uhr.

Von April bis Oktober öffnet die Burg von 8.30 bis 20 Uhr. Die letzte Führung beginnt um 17 Uhr.

Kindgerechte Familienführungen gibt es um 11 und um 14 Uhr. Sie dauern eine Stunde.

Außerdem öffnet die Wartburg zu besonderen Events, etwa zu klassischen Konzerten sowie an mehreren Adventswochenenden zu einem Weihnachtsmarkt.

Eintrittspreise

Die Außenanlagen sowie die beiden Burghöfe sind frei zugänglich. Das Innere kann nur im Rahmen einer Führung erlebt werden, an welche sich eine individuelle Besichtigung des Museums und der Lutherstube anschließt. Ein normales Ticket kostet 10 Euro. Für Kinder und Jugendliche gibt es Rabatte, nicht aber für Senioren.

Wer fotografieren möchte, benötigt eine spezielle Vignette. Besucher heften sie sich gut sichtbar auf die Oberbekleidung. Sie kostet 2 Euro.

Wegweiser am Fuße der Wartburg.
Foto: Mirko Krüger

Wartburg für Klugscheißer

Eine Zeitreise

1067 Graf Ludwig der Springer lässt die Wartburg erbauen.

1080 Unweit der Wartburg lagern königstreue Truppen. Die Besatzung der Burg schlägt die Ritter von Heinrich IV. in die Flucht und plündert das Heerlager. Das Ereignis markiert zugleich die schriftliche Ersterwähnung der Burg.

1131 Der deutsche König und spätere Kaiser Lothar III. erhebt Graf Ludwig I. zum ersten Landgrafen von Thüringen. Der niedersächsische Lothar will damit die Thüringer im Machtkampf gegen die Staufer an sich binden. Nach Lothars Tod (1137) verbündet sich der Landgraf mit den Staufern.

1156/62 Landgraf Ludwig II. lässt die Wartburg weiter ausbauen. Der romanische Palas entsteht, ein mehrgeschossiger Saalbau.

1206 Während des Sängerkriegs wetteifern sechs Dichter um die Gunst des Landgrafen Hermann I. und dessen Gattin Sophia. Zu ihnen gehören Walther von der Vogelweide und Wolfram von Eschenbach. Das Ereignis ist als Sage überliefert.

1211 Die ungarische Königstochter Elisabeth kommt als Vierjährige an den Hof der Landgrafen. Sie lebt vor allem auf Schwesterburgen der Wartburg. Spätestens 1221, als sie Landgraf Ludwig IV. heiratet, wird die Wartburg zu ihrem Lebensmittelpunkt.

1235 Knappe vier Jahre nach ihrem Tod wird Elisabeth vom Papst heiliggesprochen.

1247 Mit Heinrich Raspe stirbt der letzte Landgraf aus dem Geschlecht der Ludowinger. 17 Jahre lang währt von nun an der thüringisch-hessische Erbfolgekrieg, der mit einer Besitzteilung endet. Die Thüringer Gebiete fallen an den Markgrafen von Meißen und damit an die Wettiner. Erster wettinischer Landgraf wird Albrecht der Entartete. Er ist mit Prinzessin Margaretha verheiratet; sie ist Tochter von Kaiser Friedrich II.

15. Jahrhundert

Unter den Wettinern kommt es immer wieder zu teils kriegerisch ausgetragenen Streitigkeiten, wer in welchen Regionen das Sagen hat. Thüringen fällt schließlich an das Kurfürstentum Sachsen. Die Wartburg ist nur noch Nebenresidenz. 1485 teilen die Wettiner ihr Herrschaftsgebiet unter den Brüdern Ernst und Albert auf. Die sogenannten Ernestiner übernehmen weite Teile Thüringens, darunter auch Eisenach und die Wartburg. Sie bleiben bis 1918 an der Macht.

1521/22 Luther sucht für 10 Monate Zuflucht auf der Burg. Er lässt sich einen Bart stehen und nennt sich Junker Jörg. Er übersetzt das Neue Testament ins Deutsche.

Lucas Cranach porträtierte Junker Jörg.
Das Ölgemälde hängt in der Lutherstube.
Foto: Mirko Krüger

1548 Nach acht Jahren im Verlies stirbt der Täufer Fritz Erbe auf der Wartburg.

1777 Goethe hält sich erstmals auf der Wartburg auf. Er übernachtet mehrere Tage.

1815 Goethe regt an, auf der Wartburg ein Museum für mittelalterliche Kunst einzurichten.

1817 Rund 500 Studenten und Professoren versammeln sich zum Wartburgfest. Sie fordern den Aufbau eines deutschen Nationalstaats.

Wartburg für Klugscheißer

1839 Der Maler Carl Alexander Simon will den ruinösen Zustand der Burg nicht länger hinnehmen. Er legt Skizzen für einen Umbau zur deutschen Walhalla vor. In den Folgejahren erstellen mehrere Architekten weitere Vorschläge.

1845 In Dresden wird Richard Wagners Oper „Tannhäuser und der Sängerkrieg auf Wartburg" uraufgeführt.

1849 Der Komponist Richard Wagner besucht die Wartburg im Mai. Er befindet sich auf der Flucht; sie führt ihn bis in die Schweiz. Die Polizei von Dresden sucht ihn als einen der Rädelsführer der Revolution in Sachsen.

Diese Zeichnung fügte der „Polizei-Anzeiger" dem Steckbrief Wagners bei. Erst 1862 wurde die Fahndung eingestellt.

1853 Der Wiederaufbau der Burg beginnt in Verantwortung des Architekten Hugo von Ritgen. Er setzt auf eine Erneuerung im Stile der einstigen Erbauer. Mehrere Gebäude und der Bergfried entstehen neu.

1891 Erstmals bei den Bayreuther Festspielen wird Wagners „Tannhäuser" gegeben. Mehr als 400 Aufführungen sind seither gefolgt. Auch 2019 steht der Sängerkrieg im Festspielprogramm.

1918 In Deutschland danken die Fürsten ab. Zu ihnen gehört Großherzog Wilhelm Ernst Karl Alexander Friedrich Heinrich Bernhard Albert Georg Hermann von Sachsen-

Weimar-Eisenach. Er überlässt das Eigentum an der Wartburg einer zu gründenden Stiftung des öffentlichen Rechts. 1922 entsteht die Wartburg-Stiftung.

1945 Teile der Burg werden in den letzten Kriegstagen durch Artilleriegranaten der US-Armee beschädigt.

1946 Die Rote Armee beschlagnahmt die Rüstkammer der Wartburg. Die Waffensammlung gelangt nach einem Jahr des Zwischenlagerns in Thüringen als Beutekunst in die Sowjetunion.

1990 Im Jahr der deutschen Einheit pilgern 760.912 Touristen auf die Wartburg. Das ist ein neuer Rekord. Seither sinken die Besucherzahlen wieder.

1992 Die Wartburg-Stiftung verleiht erstmals einen Preis für herausragende Verdienste um die europäische Einigung. Erste Preisträger sind die ehemaligen Außenminister Hans-Dietrich Genscher (Deutschland), Roland Dumas (Frankreich) und Krzysztof Skubiszewski (Polen).

1999 Die Unesco erklärt die Wartburg zum Welterbe.

2009 Burghauptmann Günter Schuchardt begrüßt die 30-millionste Besucherin. Gezählt werden die Gäste seit 1894. Inzwischen kommt alle drei Jahre eine Million hinzu.

2019 Die Bundesregierung beschließt, eine 2-Euro-Münze mit der Wartburg als Motiv herauszugeben. Die Auflage soll bei 30 Millionen liegen. Allerdings wird das Geldstück erst ab dem Jahr 2022 in Umlauf kommen.

Der Künstler Olaf Stoy entwarf die Wartburg-Münze.
Foto: BVA, Hans-Joachim Wuthenow

Was andere über die Wartburg sagen

„Ich laß mich eintun und verbergen, weiß selbst noch nicht wo."
Martin Luther,
Reformator, 1521

„Schöneres hab' ich in Deutschland nicht gesehen, als diese Burg."
Friedrich Schlegel,
Dichter, 1802

„Die Wartburg wird künftig noch manchen Pilger mehr zählen."
Johann Wolfgang von Goethe,
Dichter, 1815

„Dich, teure Halle, grüß' ich wieder."
Richard Wagner,
Komponist, im „Tannhäuser", 1845

„Die harten Matratzen im Hotel zur Wartburg werde ich nie vergessen."
Otto Waalkes,
Komiker, Gast in den 1970er Jahren

„Wo steht die Burg, die ihr gleichkäme an geschichtlicher Bedeutung, an poetischer Weihe?"
Hugo von Ritgen,
Architekt, 1847

Und das sage ich…